OSCAR BERINGER

Exercícios Técnicos Diários

PARA PIANO

Nº Cat.: 6-M

Irmãos Vitale Editores Ltda.
vitale.com.br
Rua Raposo Tavares, 85 São Paulo SP
CEP: 04704-110 editora@vitale.com.br Tel.: 11 5081-9499

© Copyright by Irmãos Vitale Editores Ltda. - São Paulo - Rio de Janeiro - Brasil.
Todos os direitos autorais reservados para todos os países. *All rights reserved*.

Dados Internacionais de Catalogação na Publicação (CIP)
(Câmara Brasileira do Livro, SP, Brasil)

Beringer, Oscar
　　Exercícios técnicos diários (completo) : para piano / Oscar Beringer. -- São Paulo : Irmãos Vitale

1. Piano - Estudo e ensino 2. Piano - Música I. Título.

ISBN nº 85-85188-19-7
ISBN nº 978-85-85188-19-1

96-3325　　　　　　　　　　　　　　　　　　　　　　CDD-786.207

Indices para catálogo sistemático:

1. Exercícios para piano : Música   786.207
2. Piano : Exercícios : Música   786.207

Indice.

Pagina

Prefácio... 3
1ª Parte Estudos para os cinco dedos................................. 4
2ª Parte Estudos para os cinco dedos com movimento progressivo da mão......... 15
3ª Parte Exercícios de escalas...................................... 30
4ª Parte Exercícios de acordes...................................... 33
5ª Parte Mudança de dedos sobre uma mesma nota...................... 45
6ª Parte Estudos em terças, sextas e acordes........................ 51
7ª Parte Estudos de oitavas e acordes............................... 64
8ª Parte Exercícios de extensão..................................... 75
9ª Parte Exercícios para cruzamento e mudança das mãos.............. 82
10ª Parte Para aprender a tocar com um ritmo diverso em cada mão..... 86
Apêndice Escalas e arpejos com a dedilhação normal................... 90

Prefácio.

A coleção de "estudos diários para piano" que apresentamos, deve servir como preparação aos "Estudos diários" de Carl Tausig, ficando assim preenchidas algumas lacunas destes.

O método de Tausig pressupõe um aluno cuja mão tenha já adquirido a posição normal no teclado e a maior parte destes estudos só servem para distensão e contração da mão.

As duas primeiras partes dos presentes estudos foram compiladas para preencher esta lacuna. Quanto a terceira parte, exercícios de escalas, contêm quatro estudos preparatórios. No apêndice encontra-se um quadro completo de escalas e arpejos.

Aconselhamos aos alunos mais adiantados, estudar todas as escalas maiores e menores com a dedilhação da escala de Dó maior. Esta inovação não é para inutilizar a dedilhação clássica, recomendada como sendo a melhor, em relação á igualdade da escala.

Tausig intencionalmente omitiu no seu método todo estudo de oitavas, porquanto ele pensa que a "Escola de oitavas" de Kullak continha e resumia todas as dificuldades desta parte da técnica do piano, e qualquer método novo seria inútil e supérfluo.

A grande experiência permite afirmar que raros são os jovens pianistas que dispõem da coragem e energia necessárias para defrontar o método fatigante e volumoso de Kullak.

Conseguintemente englobei esta importante parte da técnica do teclado nos meus estudos. Neles se encontrarão tambem, exercícios em sextas e terças e em acordes, estudos até então negligentemente abandonados.

O sistema de dedilhação empregado nesta obra, e que se generaliza com vantagem entre os pianistas modernos consiste no emprego dum mesmo dedo para toda e qualquer tonalidade sem atender as teclas pretas. Daí resulta o conhecimento do teclado que não pode ser adquirido de outra forma.

Chopin foi o primeiro que modificou o sistema de dedilhação de Cramer e Clementi, que aliás tornou-se inútil para a execução das obras modernas.

As aparentes esquisitices de dedilhação que se encontram nesta obra, tem por fim dar aos dedos igualdade de forças.

Foi omitida qualquer indicação de movimento; os estudos devem ser tocados lentamente e com firmeza, e a força de tocar deve decrescer á medida que a velocidade aumenta.

É importante que estes estudos sejam feitos em todas as tonalidades (indicamos aqueles que não devem ser transportados), porquanto, exceção feita das escalas e arpejos, nos demais métodos, todos os exercícios são escritos em *Dó maior*.

Com alguma reflexão todos os pianistas se convencerão de que esta tonalidade, não compreendendo senão as teclas brancas, não pode de forma alguma preparar a mão para a passagem das teclas pretas às brancas e se verá que este estudo em diversos tons é absolutamente necessário ao exercício das mãos em todos as posições.

É de tal forma simples o nosso sistema de modulação que, dois ou três dias de prática são suficientes a uma criança para transportar qualquer dos estudos deste volume.

Para prevenir qualquer falta nas modulações realizaremos em todos os tons, nos primeiros exemplos servindo estes de guia para os demais exercícios.

Estes exemplos modulatórios são classificados alfabeticamente e estão em relação com os exercícios, que estão classificados do mesmo modo.

1ª Parte.
Estudos para os cinco dedos.

Todos os estudos desta parte devem ser feitos com três formas diversas de tocar.

1º **Legato**: — A mão tranquila, os dedos arredondados, as unhas cortadas curtas, de forma que a tecla seja tocada com a cabeça do dedo. A maneira de tocar deve ser rápida e firme, observando que o levantar dum dedo corresponda ao abaixar do seguinte, o movimento do dedo deve vir somente da sua articulação.

E preciso evitar o grave erro, muito comum e muito prejudicial, de reforçar o ataque do primeiro dedo com o abaixamento do braço — este deve sempre ficar imóvel. —

2º **Staccato do punho**. — O punho, elemento principal deste gênero de tocar, reclama especial atenção.

O punho deve estar desembaraçado, para que a mão completamente livre possa se abaixar e levantar sem esforço. Estudando lentamente é necessário levantar a mão tanto quanto seja possível, ficando o braço imóvel e horizontal. A queda da mão deve ser rápida; a mão volta a sua primeira posição logo que largou a tecla.

A dificuldade principal deste gênero de execução é a persistência da rapidez (no caso particular, e uma prova de força), que dá uma grande energia muscular impedindo a mão de cair sobre o teclado. — O ante-braço deve ficar imóvel os dedos arredondados e mesmo no *legato*, seu movimento deve ser tão reduzido quanto possível. — Os estudos de 1- a 52- devem ser feitos desse modo.

3º **Staccato do dedo**. — Este gênero de tocar é sobretudo empregado nas passagens rápidas e ligeiras que reclamam grande clareza. E produzido pela articulação do meio do dedo com auxílio da primeira falange ficando o punho imóvel. Os dedos, ligeiramente curvados, devem ser levados para a palma da mão, logo que a nota for dada. Este movimento para produzir o efeito desejado, deve se fazer com a máxima rapidez. — É a forma de estudar os Nºs de 1- a -60- O aluno deve poder executar com facilidade todos os estudos acima mencionados, com o *Legato* antes de iniciar o *staccato* do dedo ou do punho.

1. A.

Os dois primeiros estudos são escritos em todos os tons.

Première partie.
Etudes pour les cinq doigts.

Toutes les études de cette partie doivent être étudiées avec trois touchers différents.

1º **Legato**: — *La main tranquille, les doigts arrondis, les ongles coupés courts, de façon que la touche soit frappée avec le bout du doigt. Le toucher doit être rapide et ferme; on veillera à ce que l'élévation d'un doigt corresponde à l'abaissement du suivant; le mouvement du doigt ne doit venir que de l'articulation du doigt.*

Il faut également se garder de l'erreur commune et très néfaste, d'aider le frappé du premier doigt par l'abaissement du bras; celui ci doit, au contraire, rester immobile.

2º **Staccato du poignet**: — *Le poignet, facteur principal de ce genre de toucher réclame une attention spéciale.*

Le poignet doit rester souple afin que la main, complètement libre puisse s'abaisser et s'élever sans effort. En étudiant lentement il faut rejeter la main autant que possible en arrière, le bras restant immobile et horizontal.

La chute de la main doit être vive et légère; la main retourne à sa position première aussitôt que la touche a été frappée.

La difficulté principale de ce genre de toucher est la persistance de la légèreté, (dans ce cas particulier elle est une preuve de force), qui acquiert une grande autorité sur les muscles pour empêcher la main de retomber de tout son poids sur le clavier.

L'avant bras doit rester immobile, les doigts arrondis et de même que dans le legato, leur mouvement doit être aussi réduit que possible. Les études 1-52 doivent être travaillées de cette façon.

3º **Staccato du doigt**: — *Ce genre d'attaque est surtout employé dans les passages rapides et légers qui réclament une grande clarté. Il se produit du milieu du doigt avec l'aide de la première phalange et le poignet reste immobile.*

Les doigts, légèrement arrondis, doivent se retirer vers la paume de la main aussitôt que la note a été frappée. Ce mouvement, pour produire l'effet voulu, doit se faire avec beaucoup de rapidité.

C'est la façon à employer dans toutes les études de 1 à 60.

L'élève doit pouvoir exécuter avec facilité toutes les études mentionnées plus haut avec l'attaque legato, avant d'entreprendre le staccato du doigt ou du poignet.

1. A.

Les deux premières études sont entièrement notées dans toutes les tonalités.

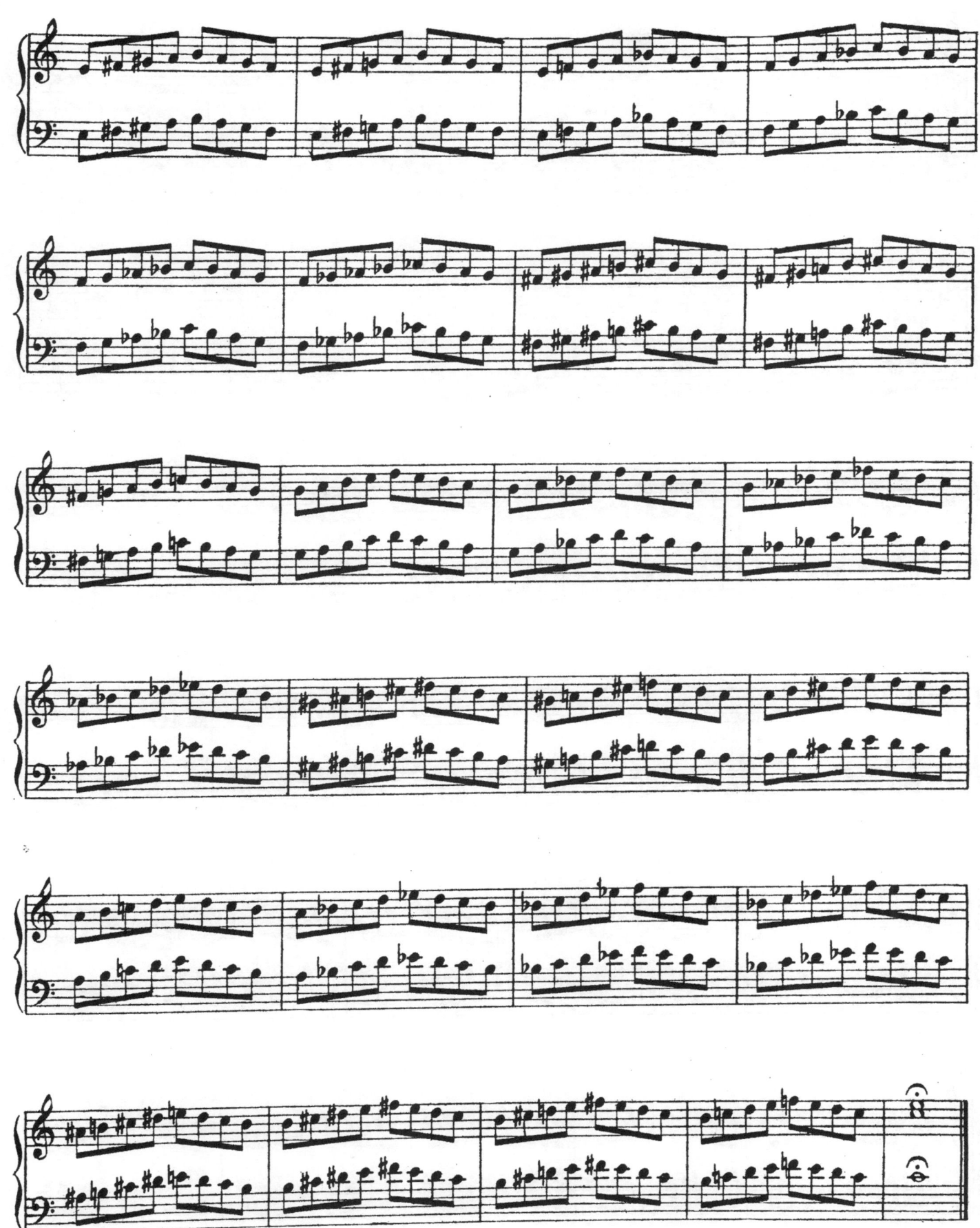

5

2. A.

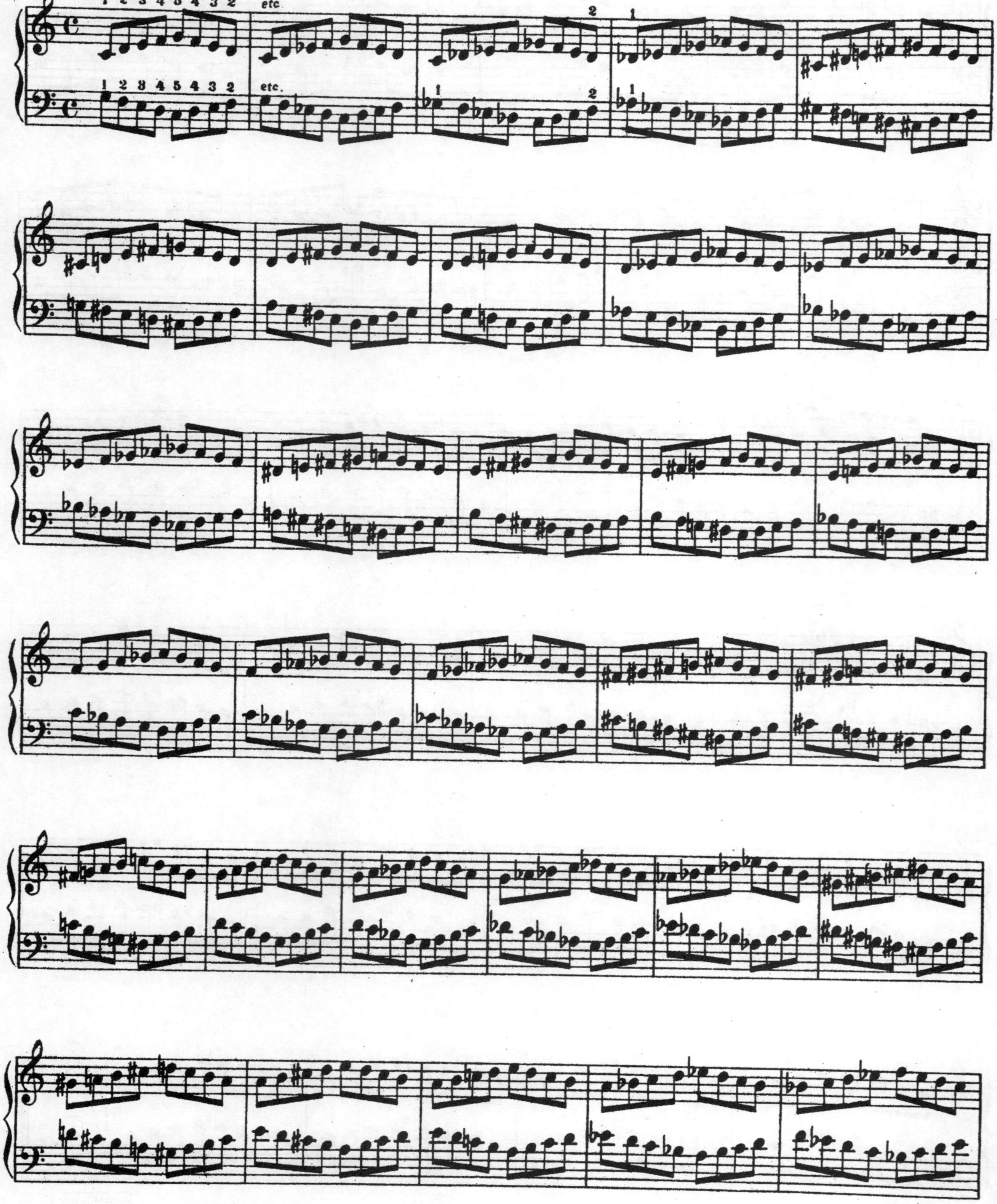

2ª Parte.
Estudos pelos dedos, com movimento progressivo da mão.

As regras expostas na primeira parte em relação a forma de atacar a nota, se aplicam igualmente a esta 2ª parte; a única diferença é na contração e na distensão da mão combinadas com os movimentos ascendentes e descendentes.

É necessário nos dois casos, procurar obter uma igualdade absoluta de sonoridade.

A mão, nas passagens *legato*, não deve nunca levantar-se, mas, escorregar duma posição a outra.

É conveniente escolher alguns destes estudos a fim de exercitar-se no *staccato* dos punhos e dos dedos.

Além da dedilhação dada, deve se estudar o primeiro exercício levantando a mão depois de cada grupo de duas notas.

É conveniente estudar com as diferentes dedilhações marcadas.

Deuxième partie.
Etudes pour les doigts avec mouvements progressifs de la main.

Les règles posées dans la première partie au sujet du toucher s'appliquent également à la seconde, la seule différence est dans la contraction ou dans l'extension de la main combinées avec des mouvements ascendants et descendants.

Il faut dans les deux cas s'appliquer à obtenir une égalité absolue de sonorité.

La main, dans les passages legato, ne doit jamais se lever, mais doit glisser d'une position à une autre.

Il serait bon de choisir quelques unes de ces études afin de les travailler avec le staccato du poignet et du doigt.

En plus des doigtés donnés plus haut, on doit travailler le premier exercice en relevant la main du poignet, après chaque groupe de deux notes.

Il faut travailler successivement les différents doigtés.

67. B.

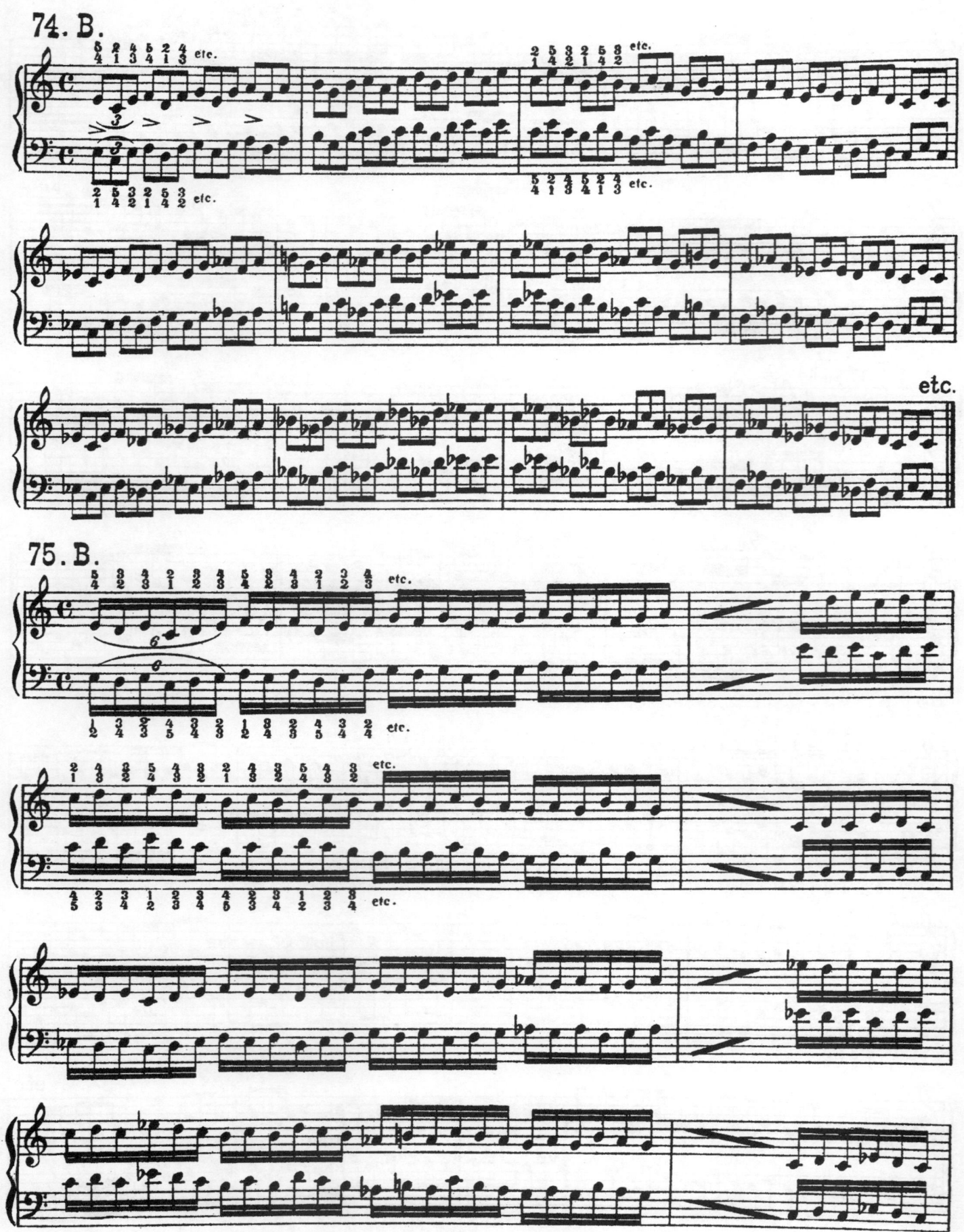

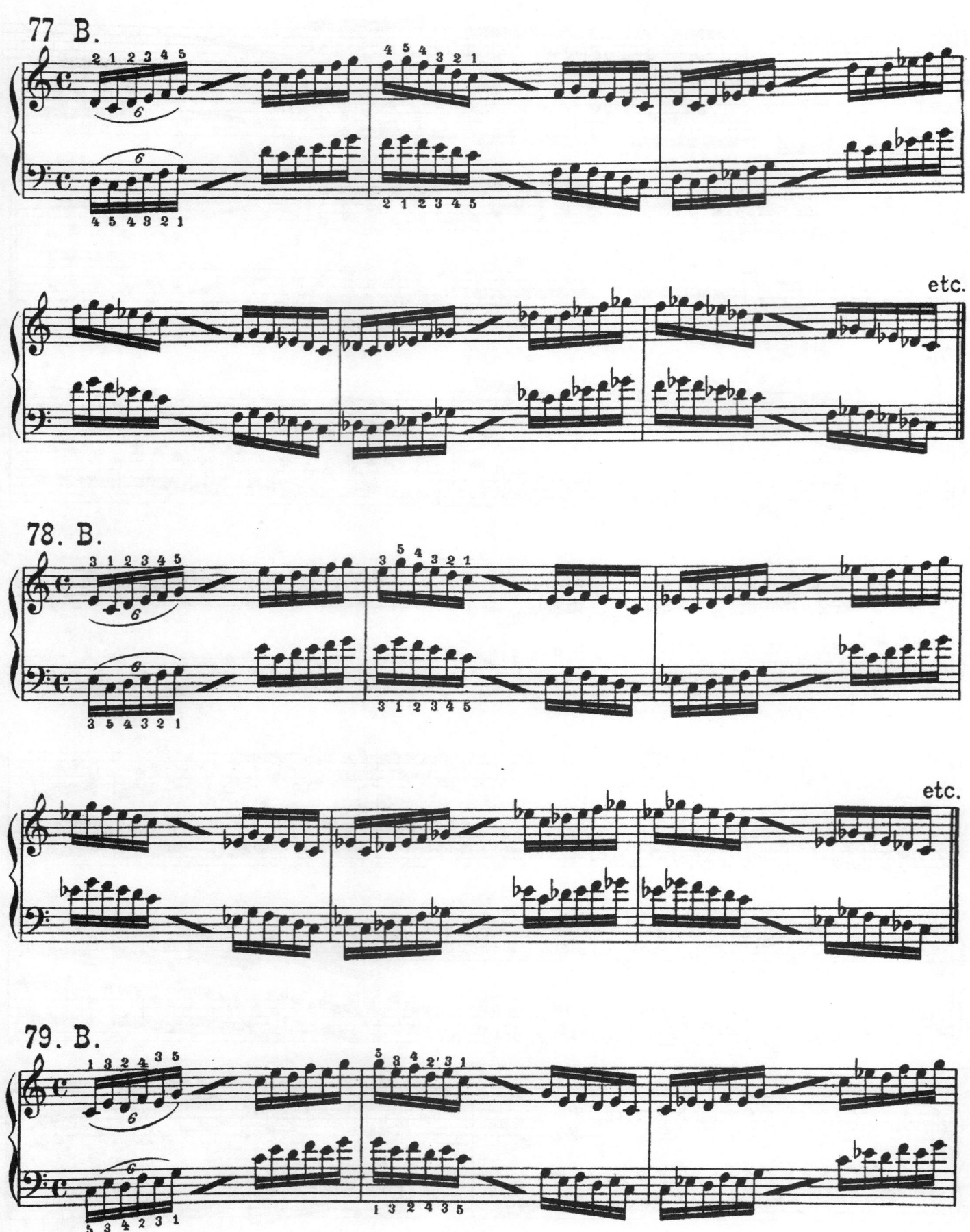

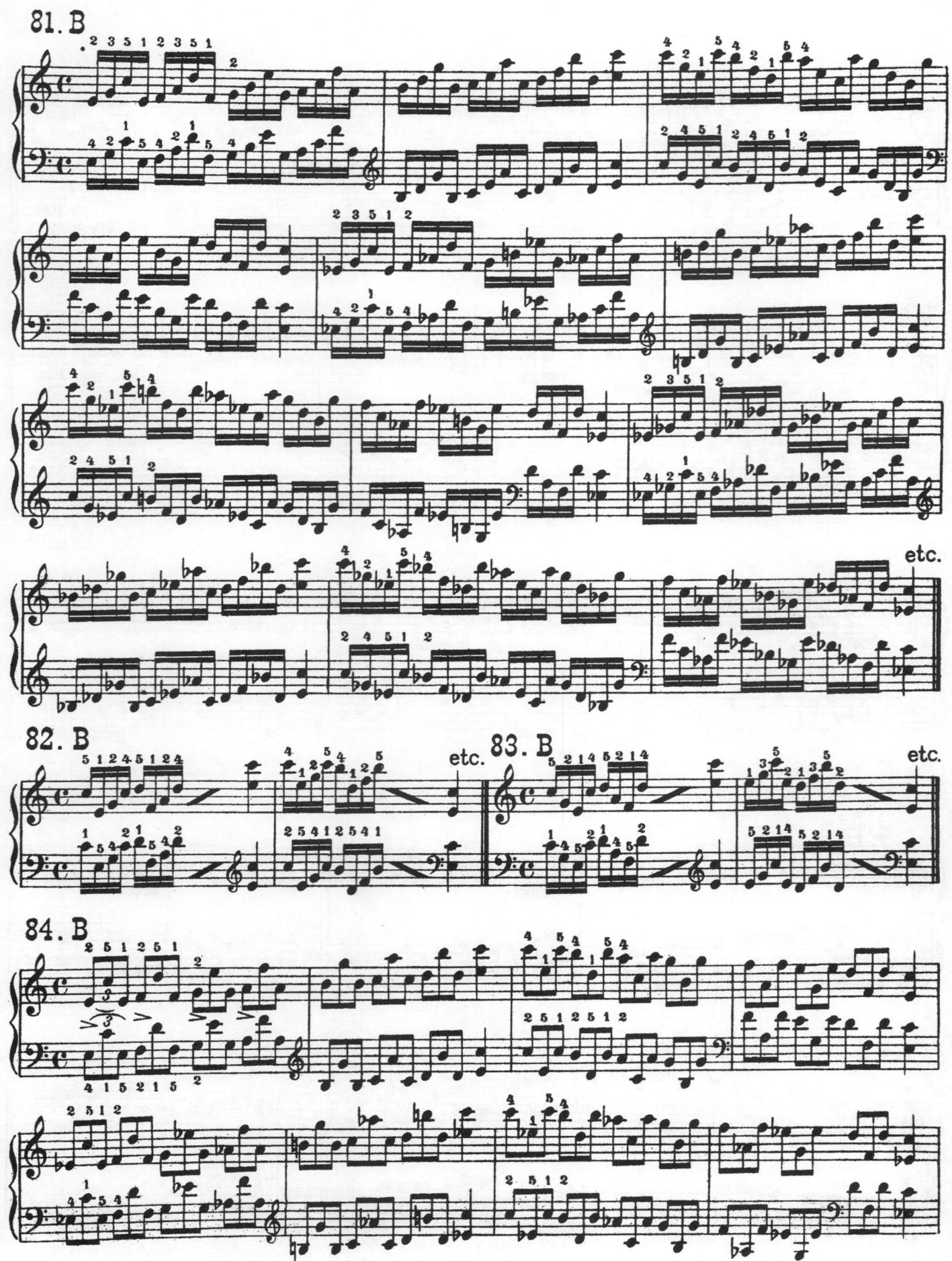

87. B

etc.

88. B

Terceira parte.
Exercícios de escalas.

Damos aqui somente quatro estudos preparatórios, os outros encontram-se no apêndice.

Acreditamos de maxima utilidade para o estudo das escalas, os conselhos abaixo.

Quase sempre esta parte da técnica é mal estudada pelos alunos que estão atrasados.

O aluno sem ter adquirido absoluta independência de suas mãos, não obterá proveito algum no estudo das escalas. A mão quase sempre é mal colocada.— Para conseguir passar o primeiro dedo por baixo do segundo terceiro e quarto, e o terceiro e quarto por cima do polegar, deve se ter a mão um tanto inclinada, de tal forma que o quinto dedo fique un pouco mais alto do que o segundo. Os cotovelos devem estar mais afastados do corpo do que nos demais estudos, e os movimentos ascendentes e descendentes do braço devem ser feitos com calma e igualdade, tendo o cuidado de não sacudir o braço ao abaixar o primeiro dedo. Este deve seguir cada um dos outros passando por baixo duma forma igual. Os exercícios para passagem do polegar e do quinto dedo, são de extraordinária importância. (Ver com atenção os Nºs 89 e 90). A passagem do primeiro dedo dependendo da ação de certos músculos, exige por isso exercício especial.

Desde que o aluno conseguiu vencer todas as dificuldades dos estudos precedentes, deve empregar sempre a dedilhação da escala de Dó maior, sem se preocupar com as teclas pretas, e executar as escalas na extensão de quatro oitavas.

Troisième partie.
Exercices de gammes.

Nous ne donnons ici que quatre études préparatoires, les autres se trouvent dans l'appendice.

Nous croyons que quelques conseils sur la façon de travailler les gammes seront utiles à l'élève.

Dans la plupart des cas, cette partie de la technique est mal travaillée par des élèves qui ne sont pas suffisamment avancés.

L'élève doit avoir acquis une maîtrise absolue de sa main avant de pouvoir tirer profit de l'étude des gammes. La main presque toujours, est mal posée. Pour permettre au premier doigt de passer avec facilité sous le deuxième, troisième et quatrième, et les troisième et quatrième par dessus le pouce, la main doit être légèrement inclinée de telle façon que le cinquième doigt soit un peu plus haut que le second. Les coudes doivent être plus éloignés du corps que dans les autres études et les mouvements ascendants et descendants du bras doivent être faits avec calme et égalité, en prenant bien soin de ne pas donner de secousse en abaissant le premier doigt. Celui-ci doit suivre chaque doigt en passant dessous d'une façon égale.

Les exercices pour le passage du pouce et des quatrième et cinquième doigts sont d'une grande importance (Voir attentivement les Nºs 89-90).

Le passage du premier doigt fait agir certains muscles qui demandent une éducation spéciale.

Aussitôt que l'élève aura vaincu toutes les difficultés des études précédentes, il devra se servir du doigté de la gamme d'ut majeur sans tenir compte des touches noires, et exécuter cette gamme sur une étendue de quatre octaves.

92.B.

Quarta parte.
Exercícios de acordes.

Nesta parte, só se usa o *legato,* e todas as regras sobre esta forma de tocar estão em relação com os exercícios a estudar.

O alargamento da mão necessita uma posição menos arredondada dos dedos, e a ação do braço na execução dos arpejos deve ser leve e igual.

Depois de atacado o acorde nos estudos 93-95, o dedo que repete a nota deve ser o único a levantar-se; depois do último ataque ele deve permanecer sobre a tecla. Cada dedo opera do mesmo modo, e as notas repetidas são feitas apenas com as articulações dos dedos sem auxílio do movimento do braço.

Quatrième partie.
Exercices d'accords.

Dans cette partie il n'est fait usage que du legato et tout ce que nous avons dit sur ce genre de toucher se rapporte aux exercices que nous allons étudier.

L'écartement de la main nécessite une position moins arrondie des doigts et l'action du bras dans l'exécution des arpèges doit être douce et égale.

Après le frappé de l'accord, dans les études 93-95, le doigt qui répète la note doit seul se lever. Après la dernière attaque il doit rester sur la touche. Chaque doigt fait de même, et l'attaque des notes répétées doit se faire uniquement de l'articulation du doigt sans aucun mouvement du bras.

É vantagem estudar os exercícios 96 a 98 num movimento muito lento, prendendo a primeira nota durante todo o compasso.

On trouvera profit à étudier les exercices 96 à 98 dans un mouvement très lent en tenant la première note pendant toute la durée de la mesure.

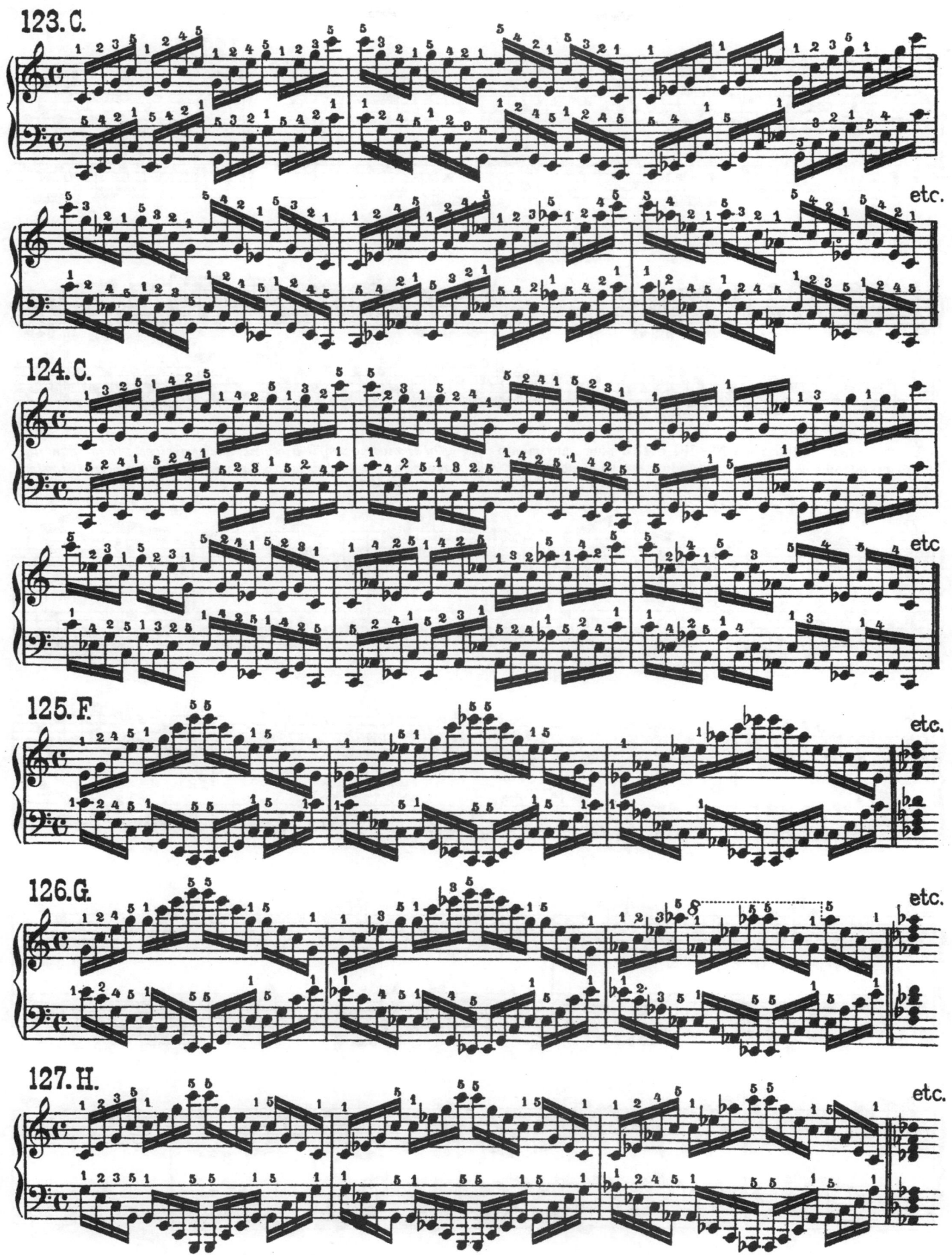

37

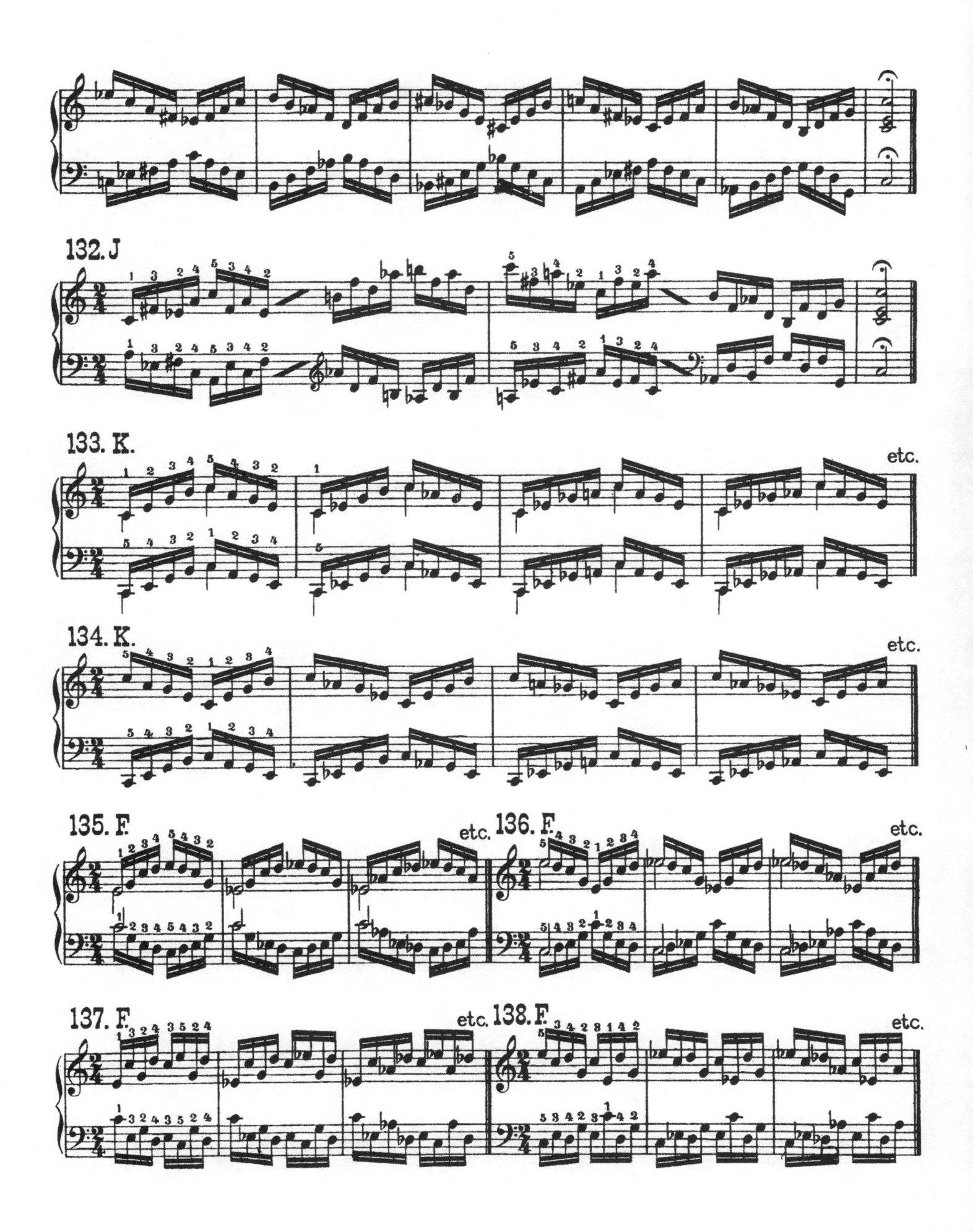

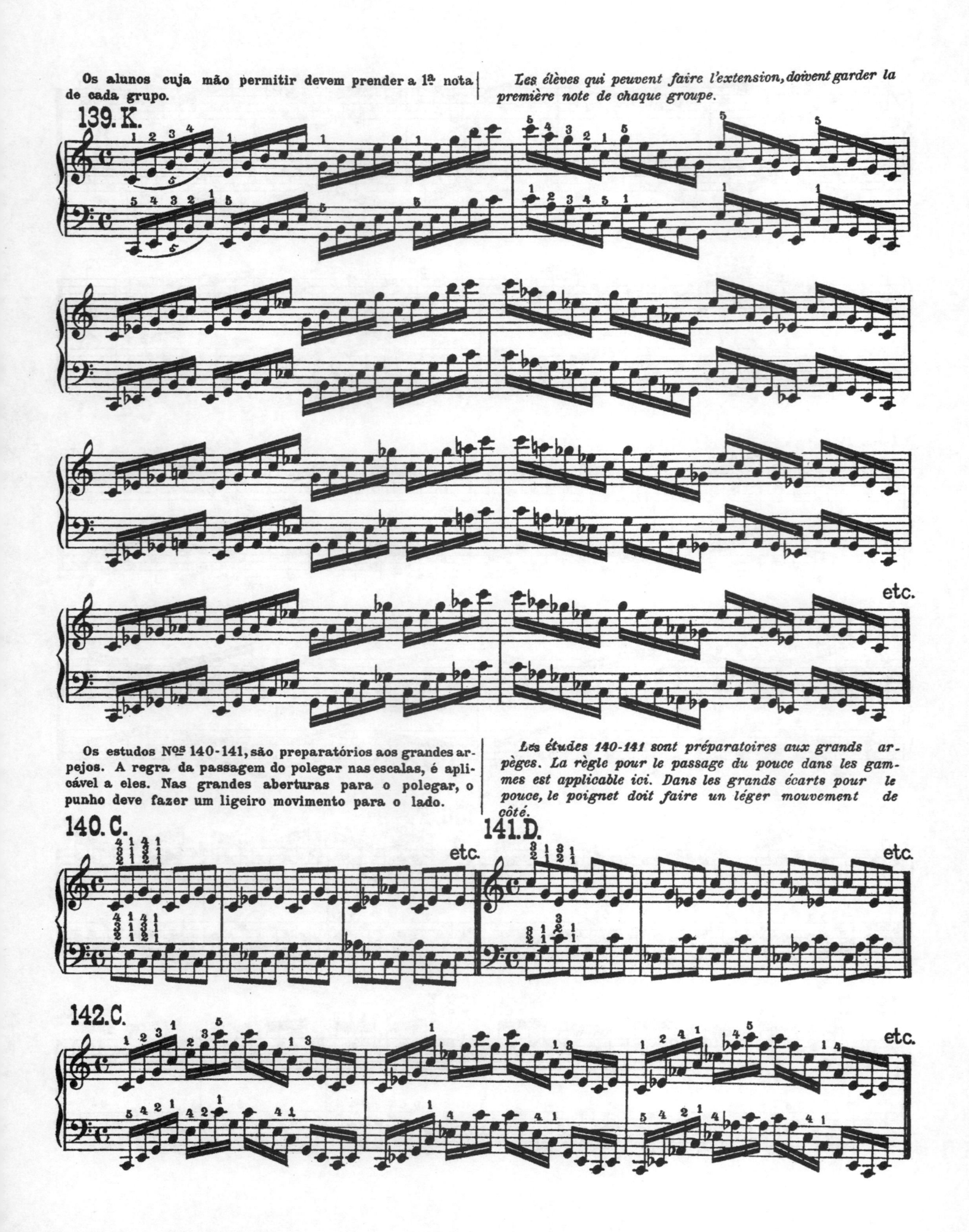

Os alunos cuja mão permitir devem prender a 1ª nota de cada grupo.

Les élèves qui peuvent faire l'extension, doivent garder la première note de chaque groupe.

139. K.

Os estudos Nºs 140-141, são preparatórios aos grandes arpejos. A regra da passagem do polegar nas escalas, é aplicável a eles. Nas grandes aberturas para o polegar, o punho deve fazer um ligeiro movimento para o lado.

Les études 140-141 sont préparatoires aux grands arpèges. La règle pour le passage du pouce dans les gammes est applicable ici. Dans les grands écarts pour le pouce, le poignet doit faire un léger mouvement de côté.

140. C.

141. D.

142. C.

143. D.

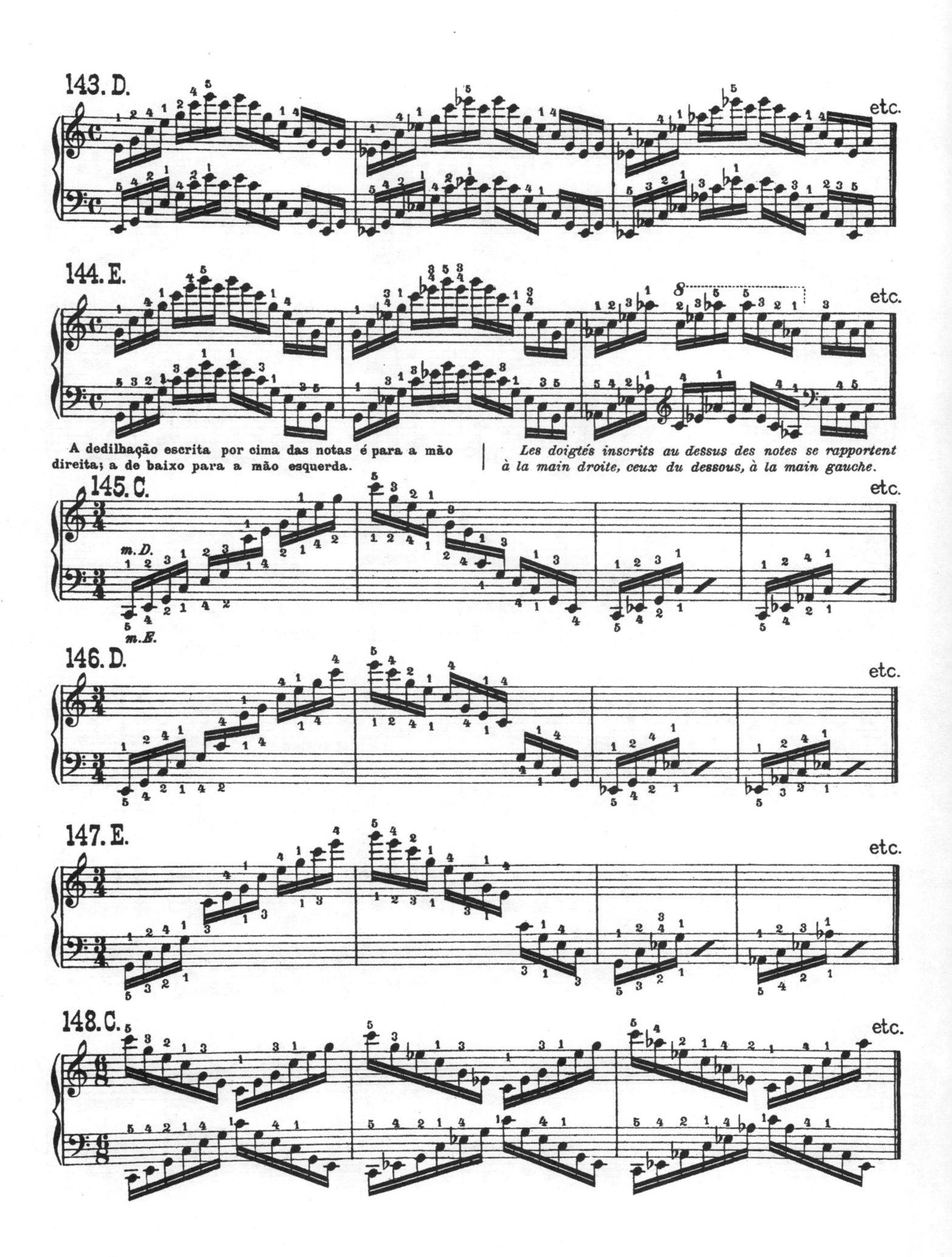

144. E.

A dedilhação escrita por cima das notas é para a mão direita; a de baixo para a mão esquerda.

Les doigtés inscrits au dessus des notes se rapportent à la main droite, ceux du dessous, à la main gauche.

145. C.

146. D.

147. E.

148. C.

149. F.

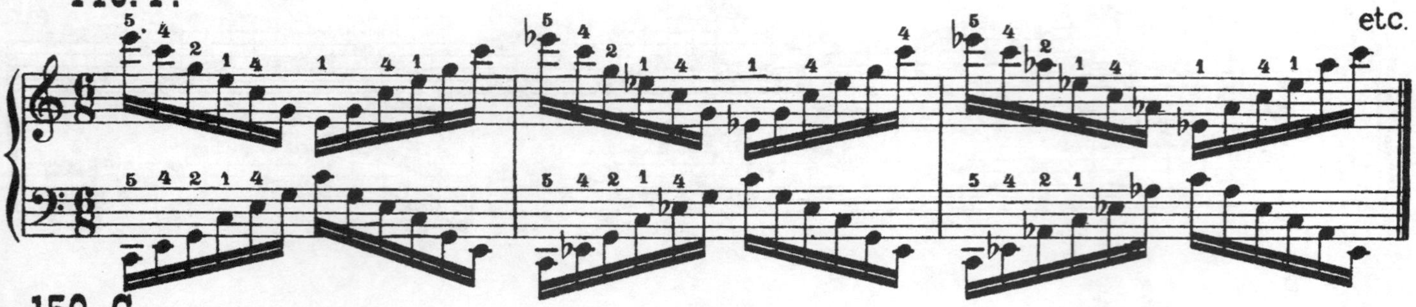

150. G.

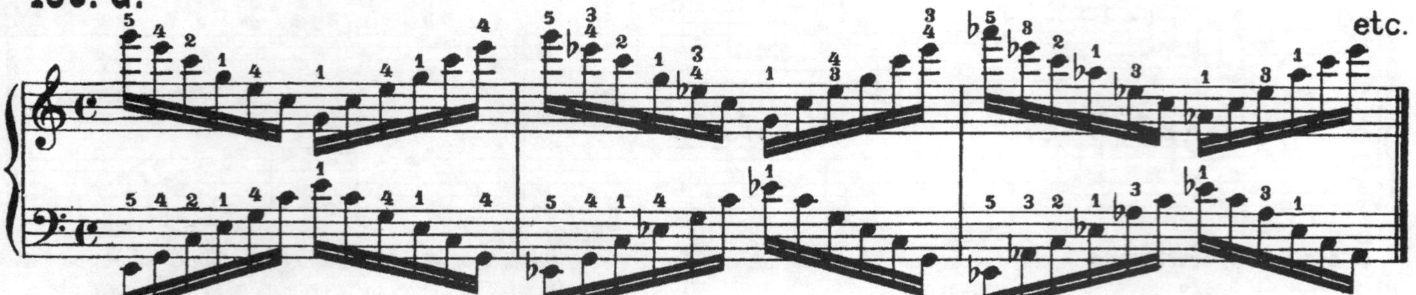

151. C.

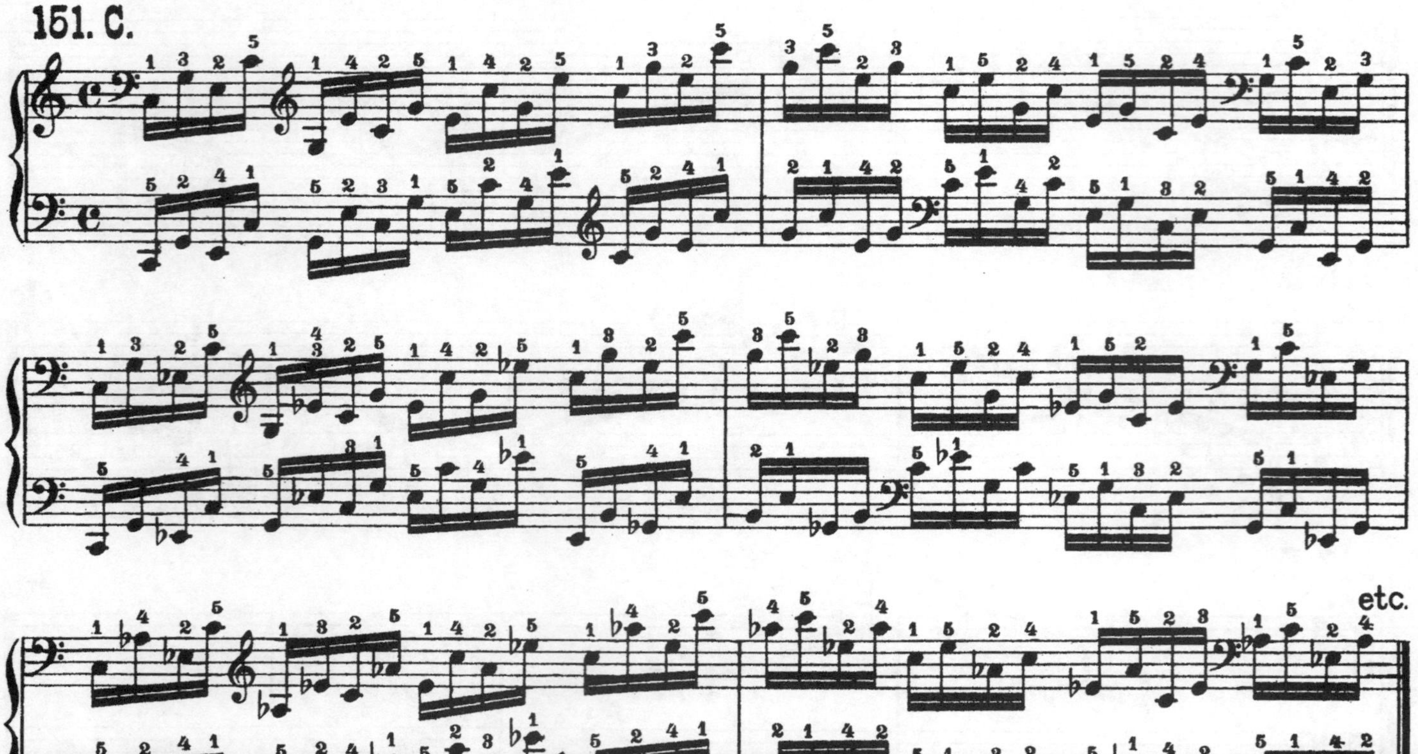

152. C.

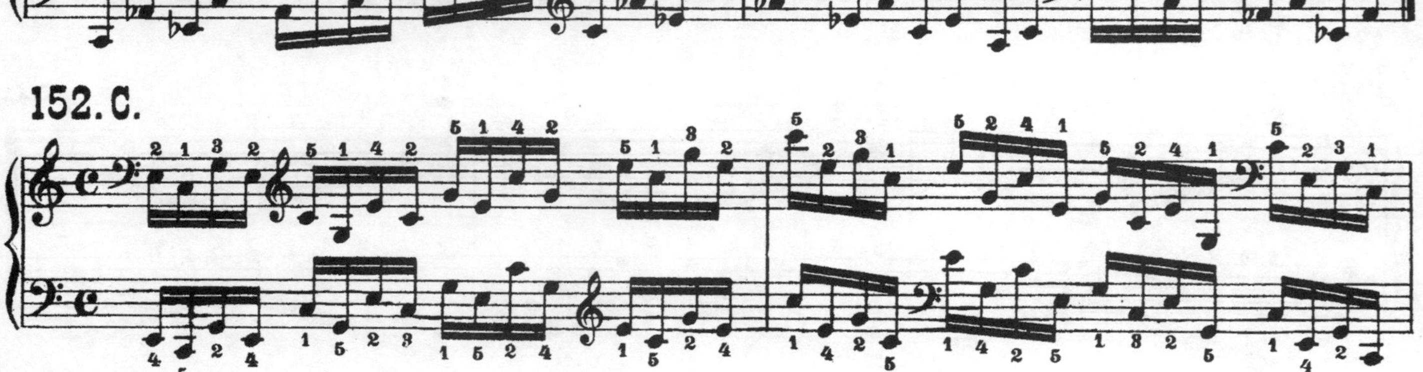

O ritmo das quiálteras deve ser rigorosamente observado, nos estudos 153-156.
A dedilhação escrita por cima das notas é para a mão direita; a de baixo, para a mão esquerda.

Dans les études 153-156 le rythme des triolets doit être rigoureusement observé.
Les chiffres inscrits au dessus des notes se rapportent à la main droite, ceux du dessous, à la main gauche.

153. M.

154. N.

155. O.

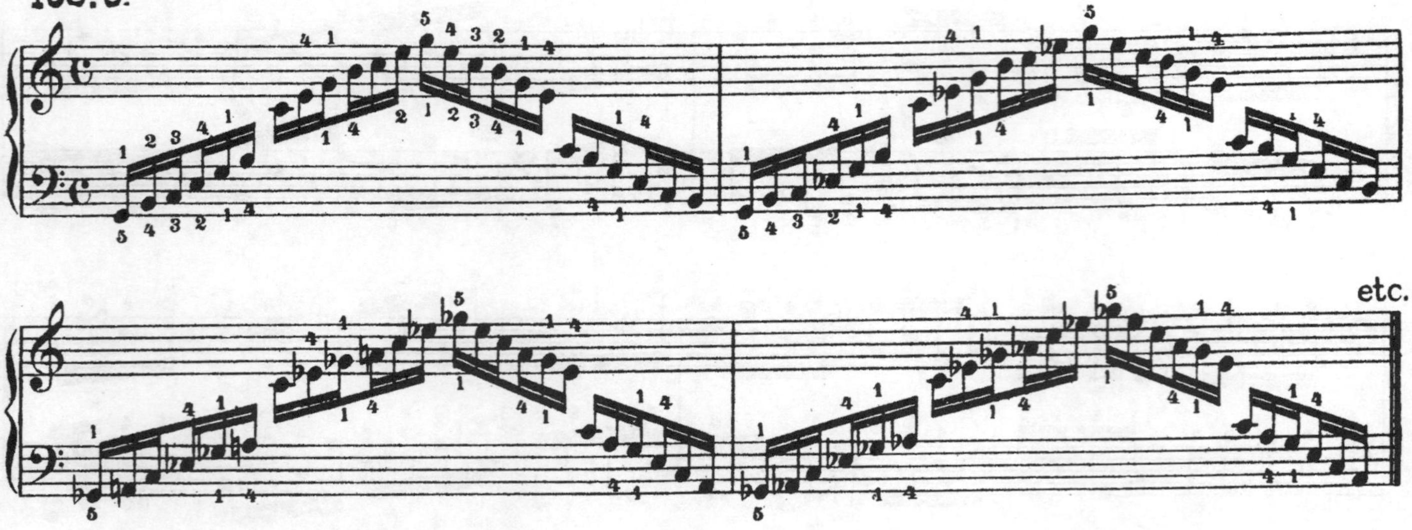

156. P.

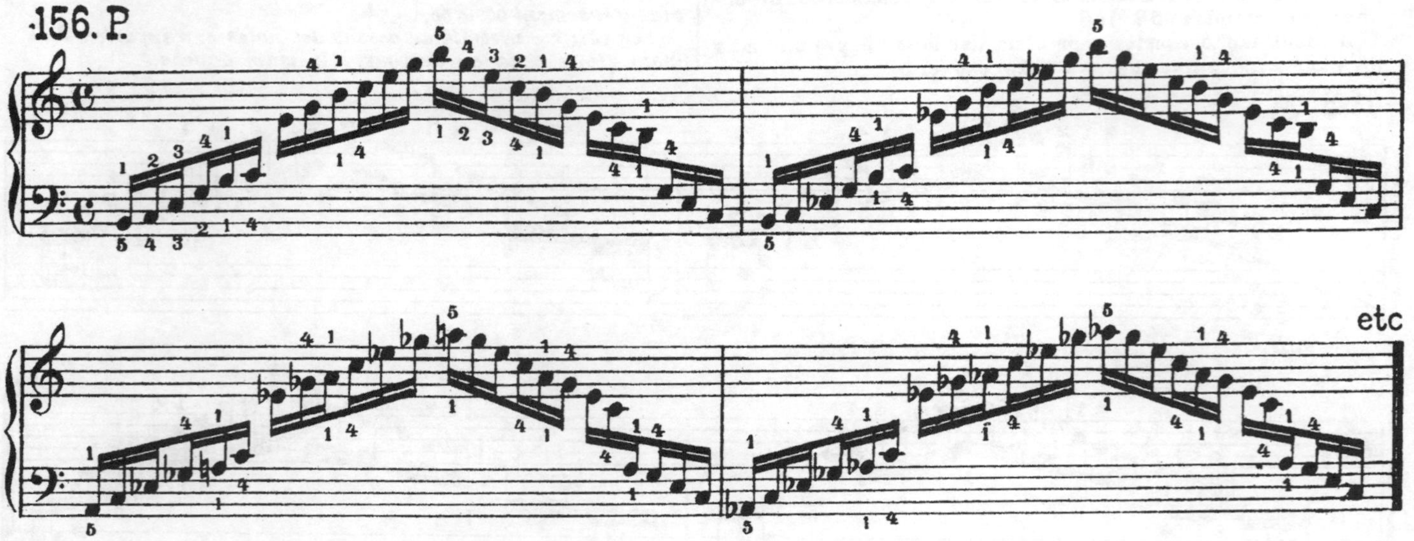

157. J.

158. K.

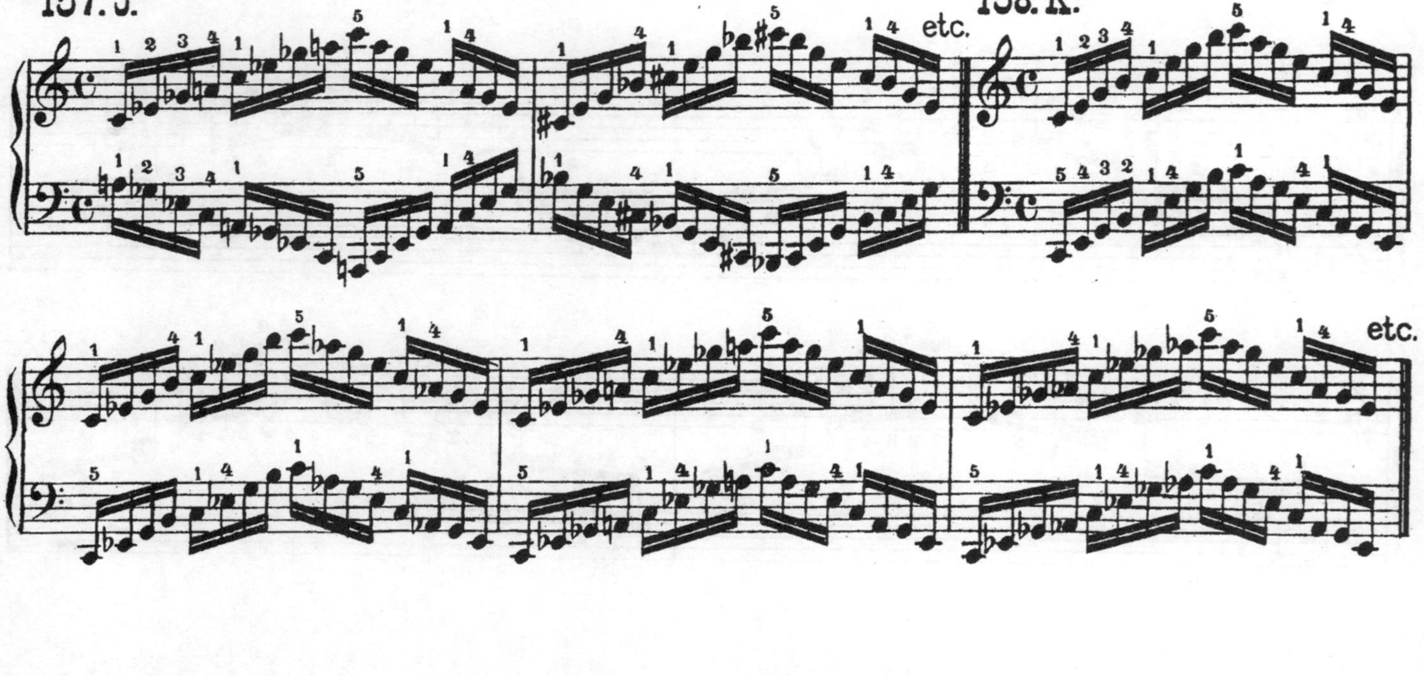

159. C.

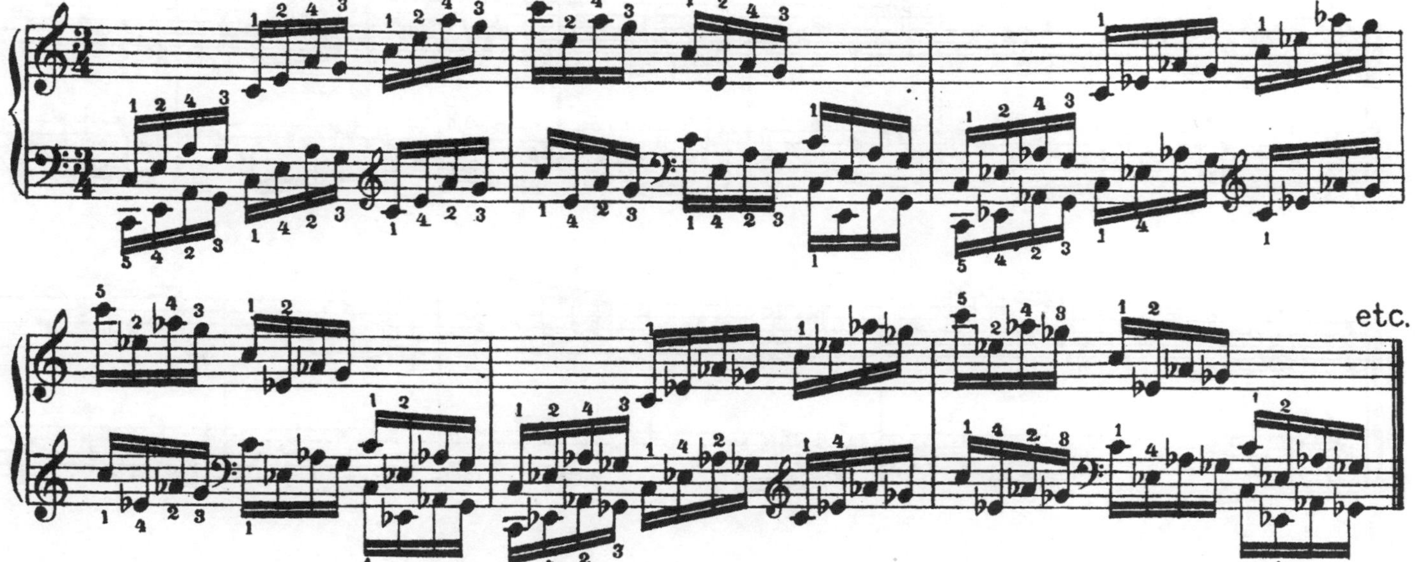

160.

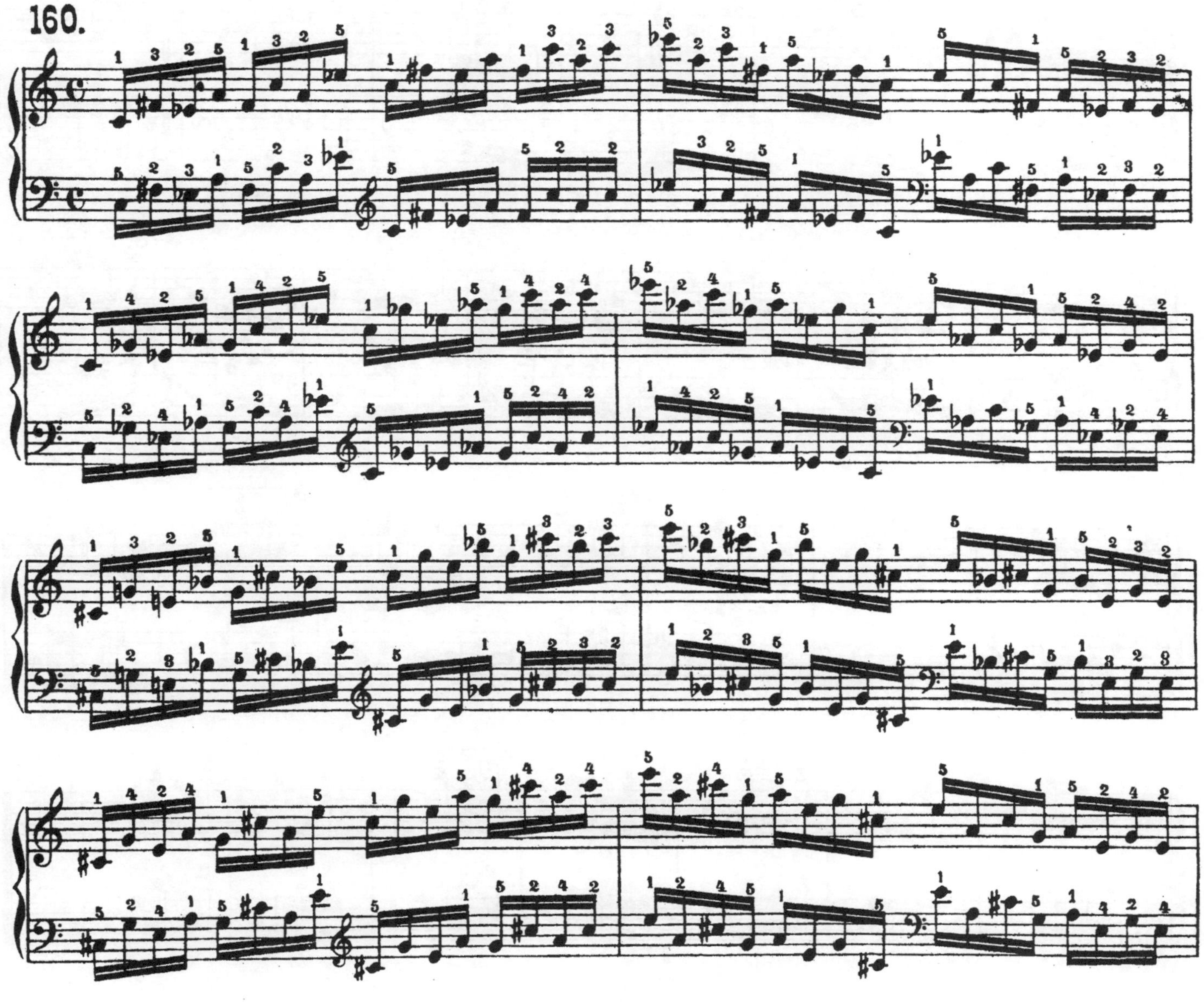

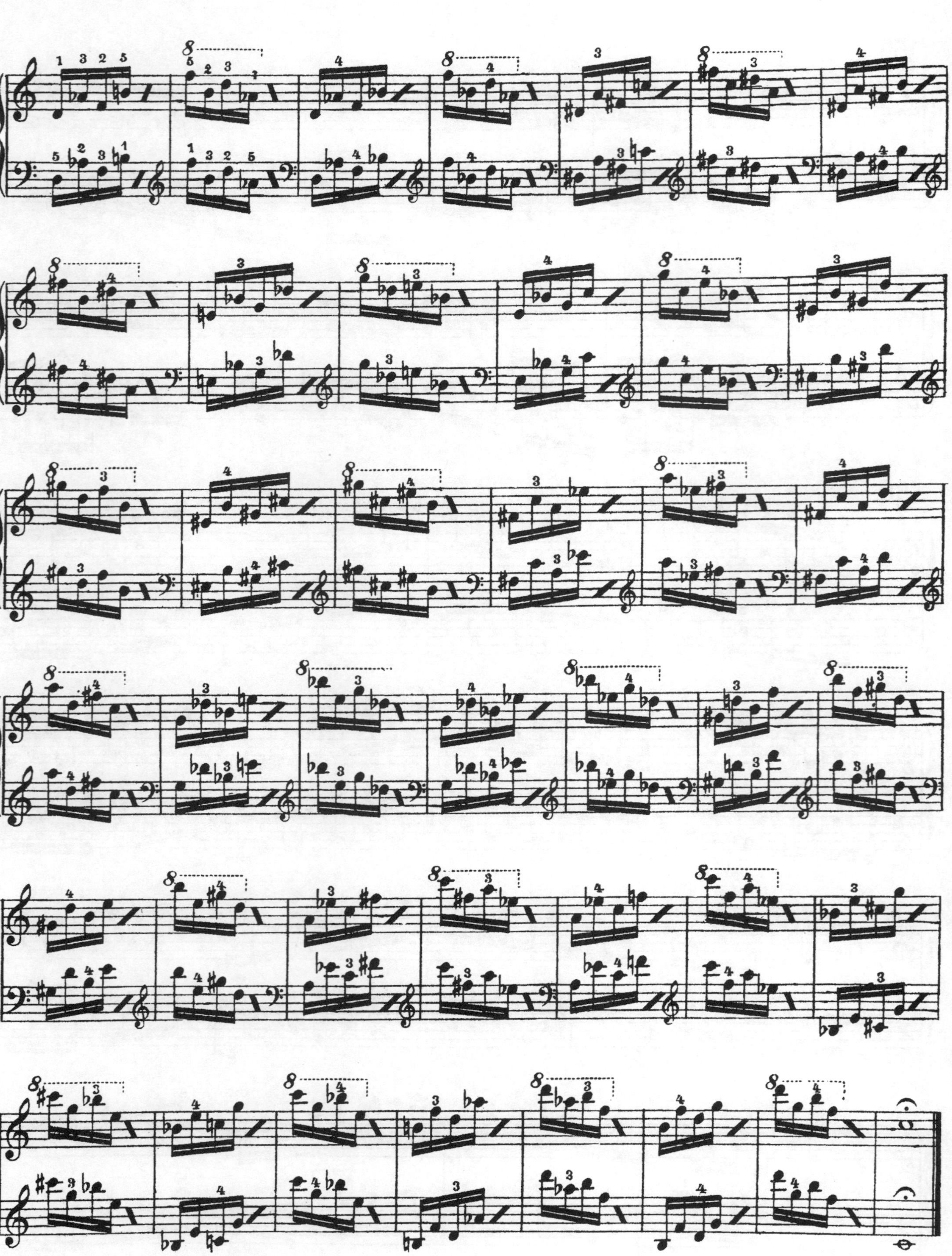

Quinta parte.
Mudança de dedos sobre uma mesma nota.

Todos os estudos desta parte devem ser feitos com os dois diferentes gêneros de ataque.

Primeiro gênero de ataque. Ter os dedos arredondados como para o *legato* (ver a 2ª parte); a nota deve ser dada com a cabeça do dedo, vindo este movimento das falanges. O ataque da nota deve ser vivo e decidido, e o dedo se levanta logo após dada a nota.

Segundo gênero de ataque. A maneira de tocar a nota é a mesma descrita na primeira parte para o *staccato do dedo*. Os dedos um pouco estendidos devem atacar da falange do meio e dirigir-se logo para a palma da mão. Esta se levanta e o segundo dedo acha-se um pouco mais alto do que o quinto. Esta posição garante uma repetição rápida e certa.

Estudar com o 1º gênero de ataque.

Cinquième partie.
Changement de doigts sur une même note.

Toutes les études de cette partie doivent être travaillées avec deux genres d'attaques différents.

Première attaque. *Tenez les doigts arrondis comme pour le legato (voir la deuxième partie); la note doit être frappée du bout du doigt, ce mouvement partant des phalanges. L'attaque doit être vive et décidée et le doigt se relèvera aussitôt après avoir frappé la note.*

Deuxième attaque. *Ce toucher est le même que celui que nous avons décrit dans la première partie pour le staccato du doigt. Les doigts, à peu près étendus, doivent frapper de la phalange du milieu et se retirer aussitôt après vers la paume de la main. La main se lève en dehors, et le second doigt se trouve un peu plus haut que le cinquième. Cette position assurera une répétition rapide et certaine.*

Etudiez avec le toucher 1 seulement.

Estudar os Nºs 163-164 com a 1ª e 2ª gênero de atacar. | *Etudiez les exercices 163, 164, avec les touchers 1 et 2.*

Somente com o 1º gênero de ataque.   *Etudiez avec le toucher 1 seulement.*

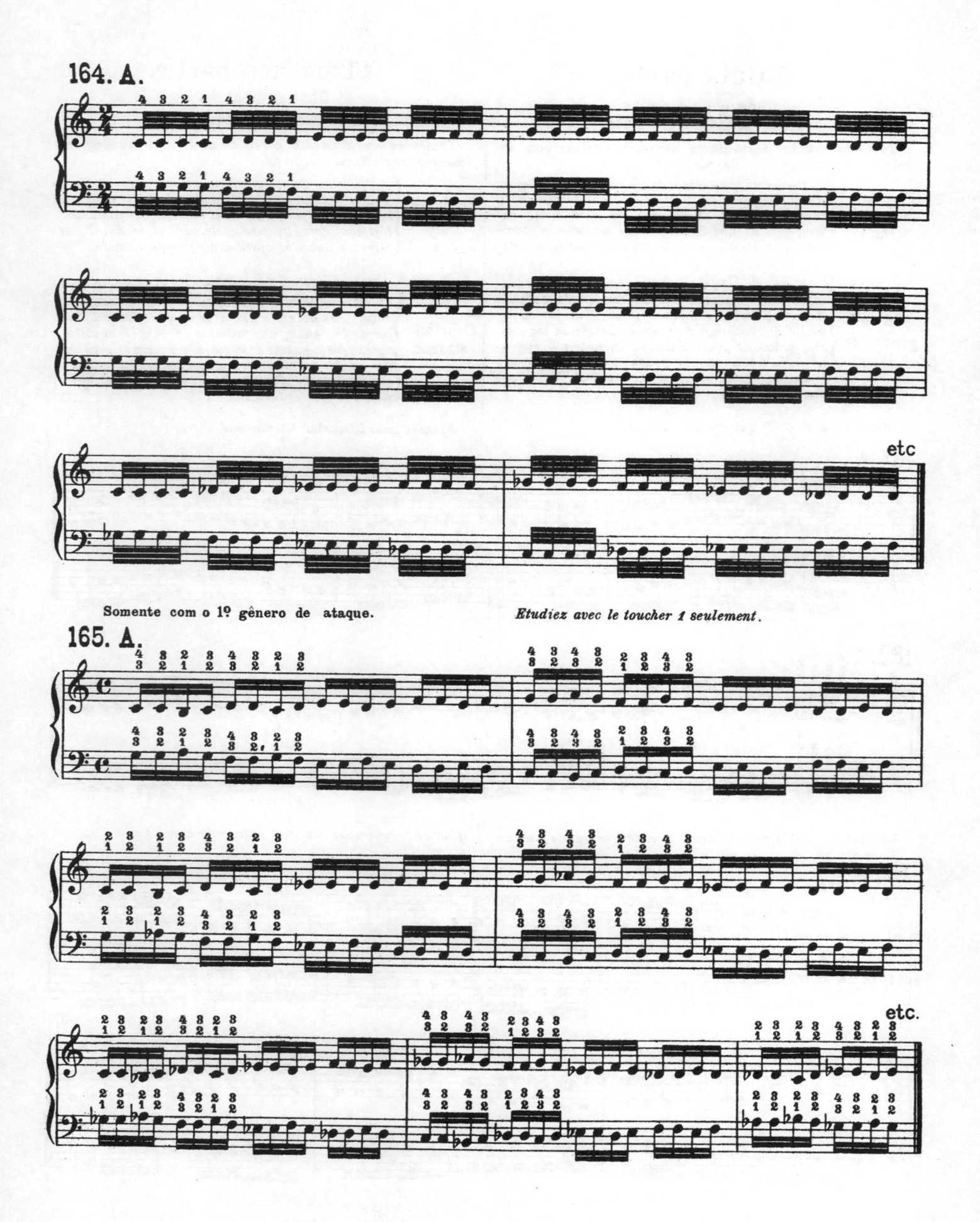

Estudar com o 1º e 2º gênero de ataque.   *Etudiez avec les touchers 1 et 2.*

166. Q.

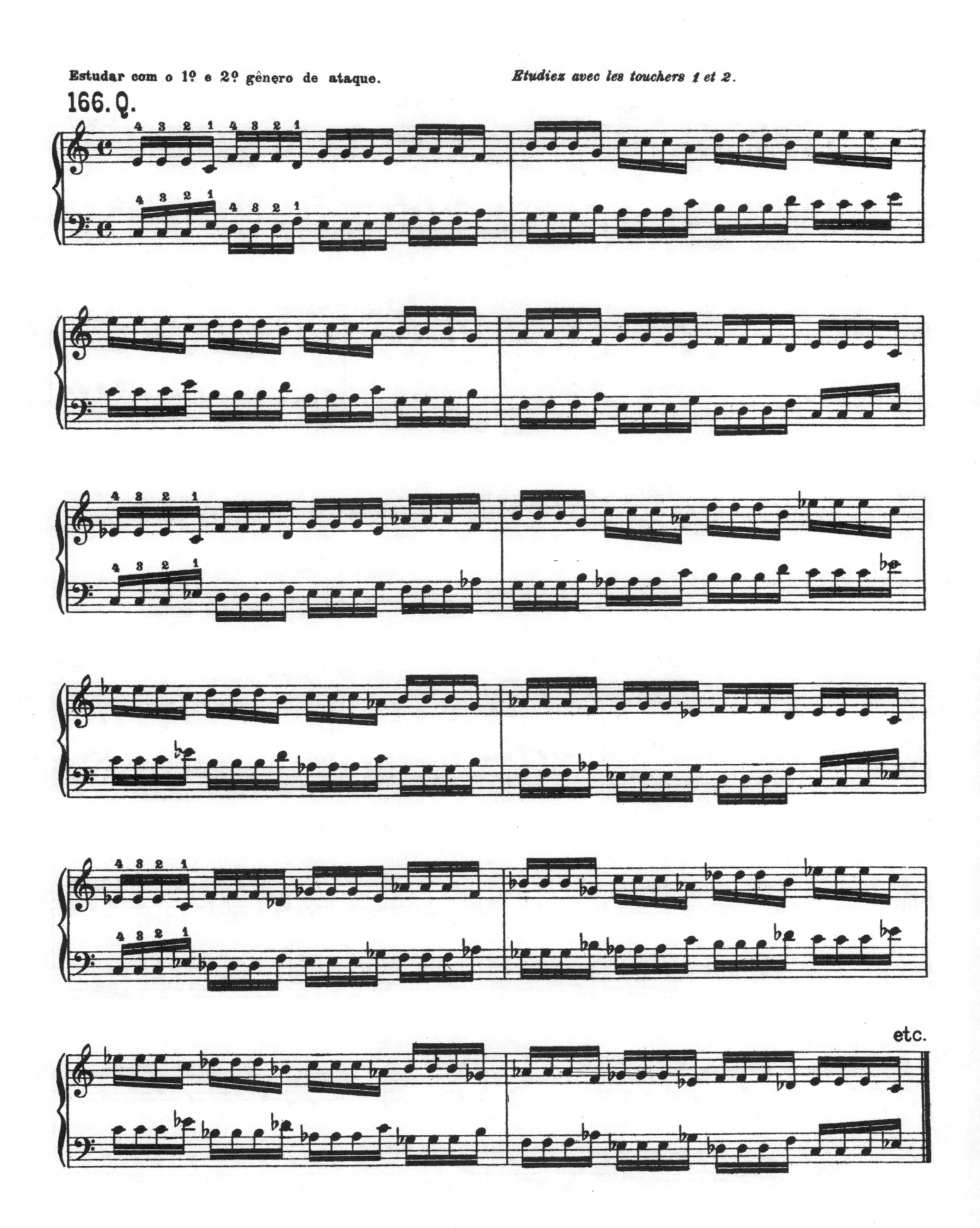

167. Q.

Com o 1º e 2º gênero. *Etudiez avec les touchers 1 et 2.*

168. Q.

Estudar os Nºs 169-173 com o 1º gênero de ataque. | *Etudiez les exercices 169-173 avec le toucher 1 seulement.*

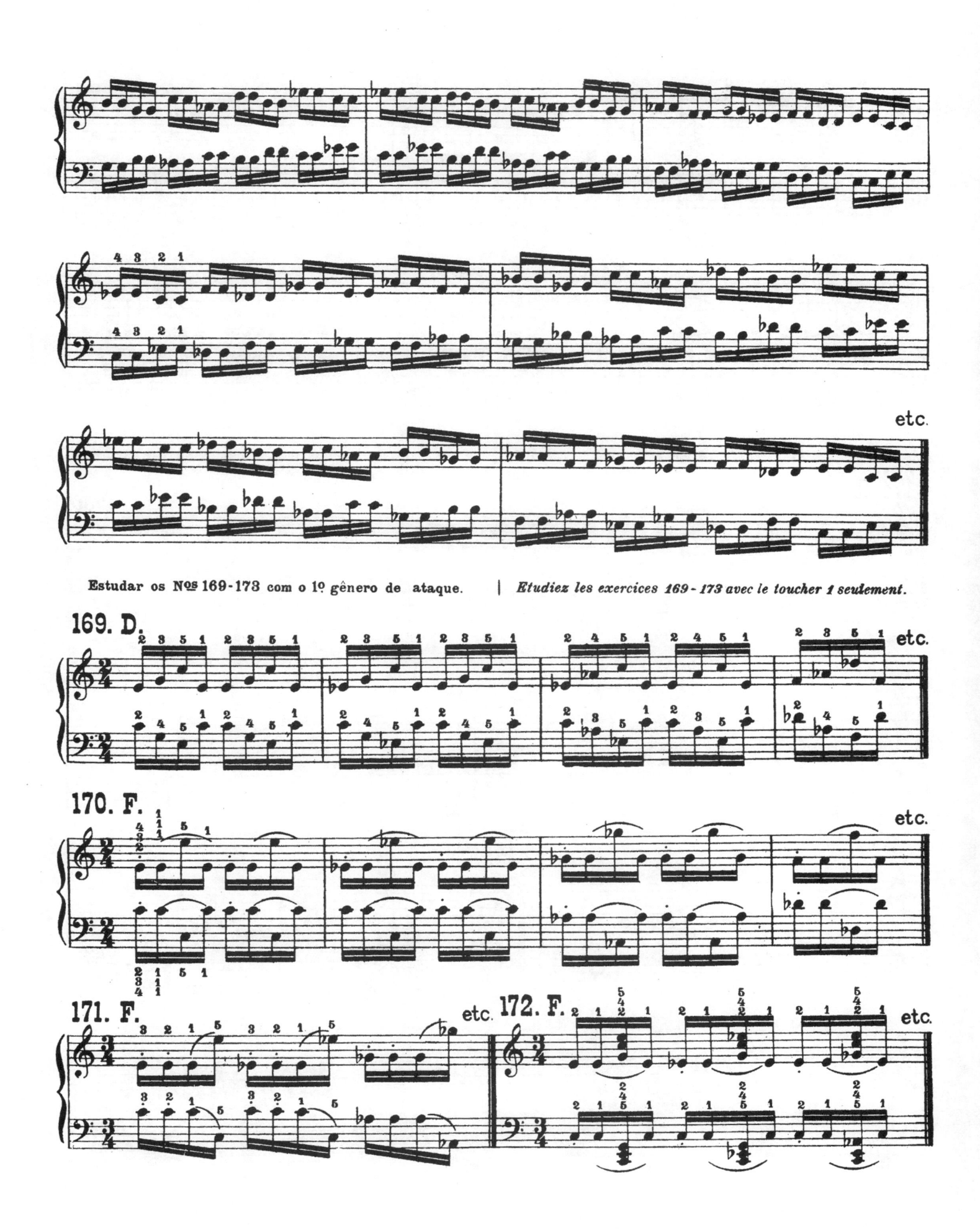

169. D.

170. F.

171. F.

172. F.

173. A.

Estudar os Nºs 174-176 somente com o 2º gênero de ataque.

Etudiez les exercices 174-176 avec le toucher 2 seulement.

174. C.

175. C.

176. C.

Sexta Parte.
Estudos em terças, sextas e acordes.

O *legato* é especialmente empregado nesta parte. Quando a mão está na sua posição normal, os dedos devem ficar arredondados. Na distensão ficam mais direitos.

A principal dificuldade que se apresenta, consiste em tocar duas ou três notas ao mesmo tempo.

Para vencer esta dificuldade é necessário estudar estes *exercícios* "muito lentamente".

Levantam-se os dedos a mesma altura tocando as teclas simultaneamente "sem hesitação".

Quando o primeiro dedo passa por baixo dos outros, sua posição deve ser aquela descrita na terceira parte. (Exercícios das escalas).

Cada exercício traz indicada a maneira de estuda-lo.

Sixième partie.
Etudes en tierces, sixtes et accords.

Le legato *est spécialement employé dans cette partie. Quand la main est dans sa position normale, les doigts doivent être bien arrondis. Dans l'extension ils le sont moins.*

La principale difficulté qui attire notre attention est de frapper simultanément deux ou trois touches.

Pour surmonter cette difficulté il faut étudier ces exercices très lentement.

Les doigts se lèvent à une égale hauteur frappent les touches simultanément, sans hésitation.

Quand le premier doigt passe sous les autres sa position doit être celle que nous avons décrite dans la troisième partie. (Exercices de gammes).

La façon d'étudier ces différents exercices est indiquée au dessus de chacun d'eux.

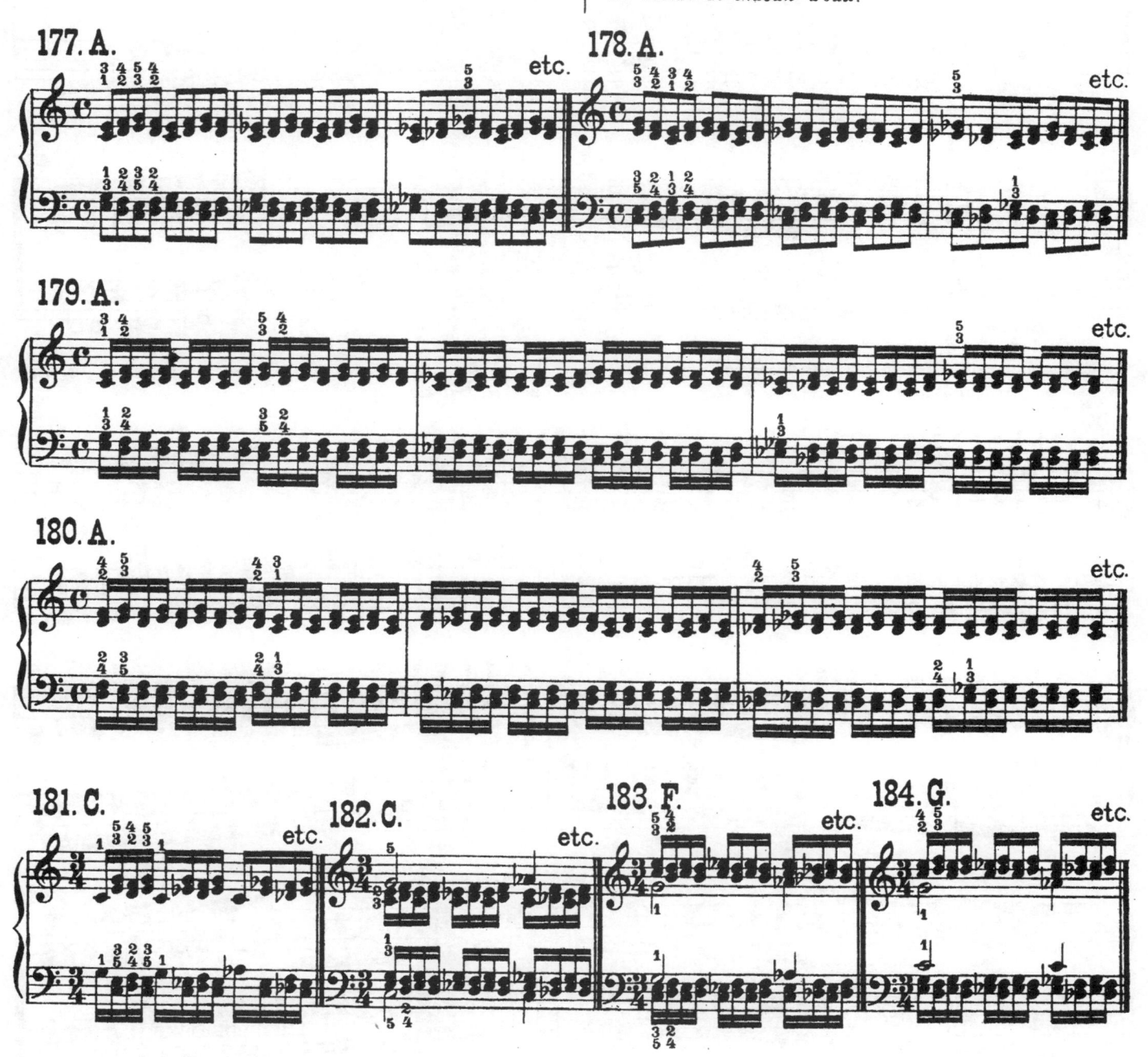

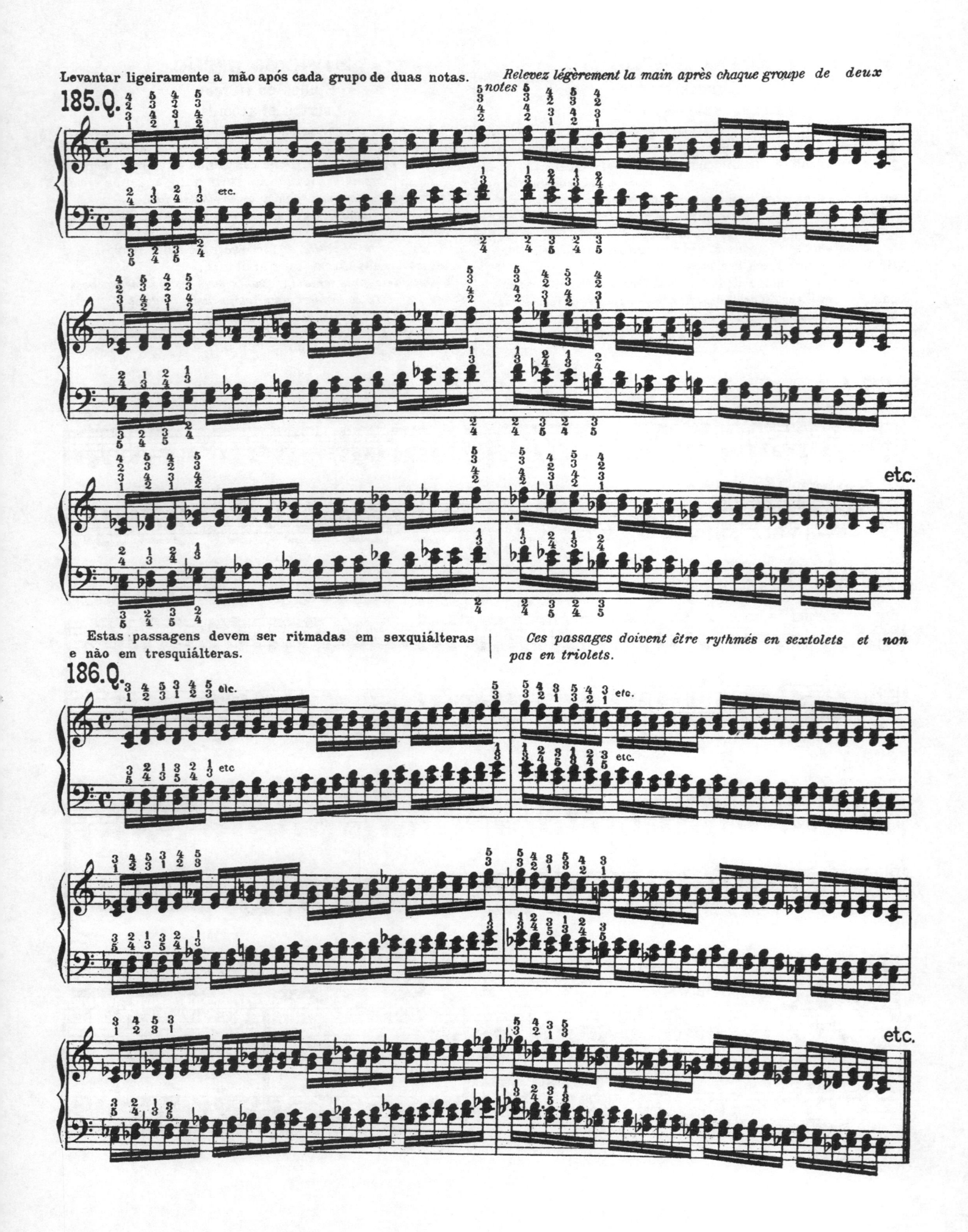

Levantar ligeiramente a mão após cada grupo de duas notas.

Relevez légèrement la main après chaque groupe de deux notes.

185. Q.

Estas passagens devem ser ritmadas em sexquiálteras e não em tresquiálteras.

*Ces passages doivent être rythmés en sextolets et **non** pas en triolets.*

186. Q.

187. A.

Estudar bem *legato*. A passagem do primeiro dedo deve ser imperceptivel, isto é, não deve produzir nenhuma desigualdade na execução.

Etudiez très legato. *Le passage du premier doigt doit être imperceptible; c'est à dire ne doit produire aucune inégalité.*

188. A.

Um *legato* perfeito é naturalmente impossível de obter-se neste estudo, porquanto o terceiro dedo toca duas notas sucessivamente. Para obter neste estudo toda igualdade precisa, se conservará o quinto dedo na tecla até que o terceiro dedo toque a tecla seguinte.

Un legato parfait est naturellement impossible à obtenir dans cette étude puisque le troisième doigt frappe deux touches successivement. Pour garder à cette étude toute l'égalité désirable, le cinquième doigt ne quittera pas la touche avant que le troisième n'ait frappé la touche suivante.

189. Q.

190. Q.

191. D.   **192. D.**

193. D.   **194. D.**

Transportar em todos os tons maiores   Transposez dans tous les tons majeurs.

202.C.
etc.
203.C.
etc.
204.D.
etc.
205.D.
etc.
206.E.
etc.
207.E.
etc.
208. A.
etc.
209. A.
etc.
210. A.
etc.
211. A.
etc.
212. A.
etc.
213. A.
etc.
214. A.
etc.
215. A.
etc.

O polegar deve escorregar de tecla em tecla.
Le pouce doit glisser de touche en touche.
to key.

Nos exercícios 221-222 levantar a mão após cada grupo de duas notas.
Dans les exercices 221-222 levez la main après chaque groupe de deux notes.

O primeiro dedo escorregar duma nota a outra.
Le premier doigt glissé d'une note à l'autre.

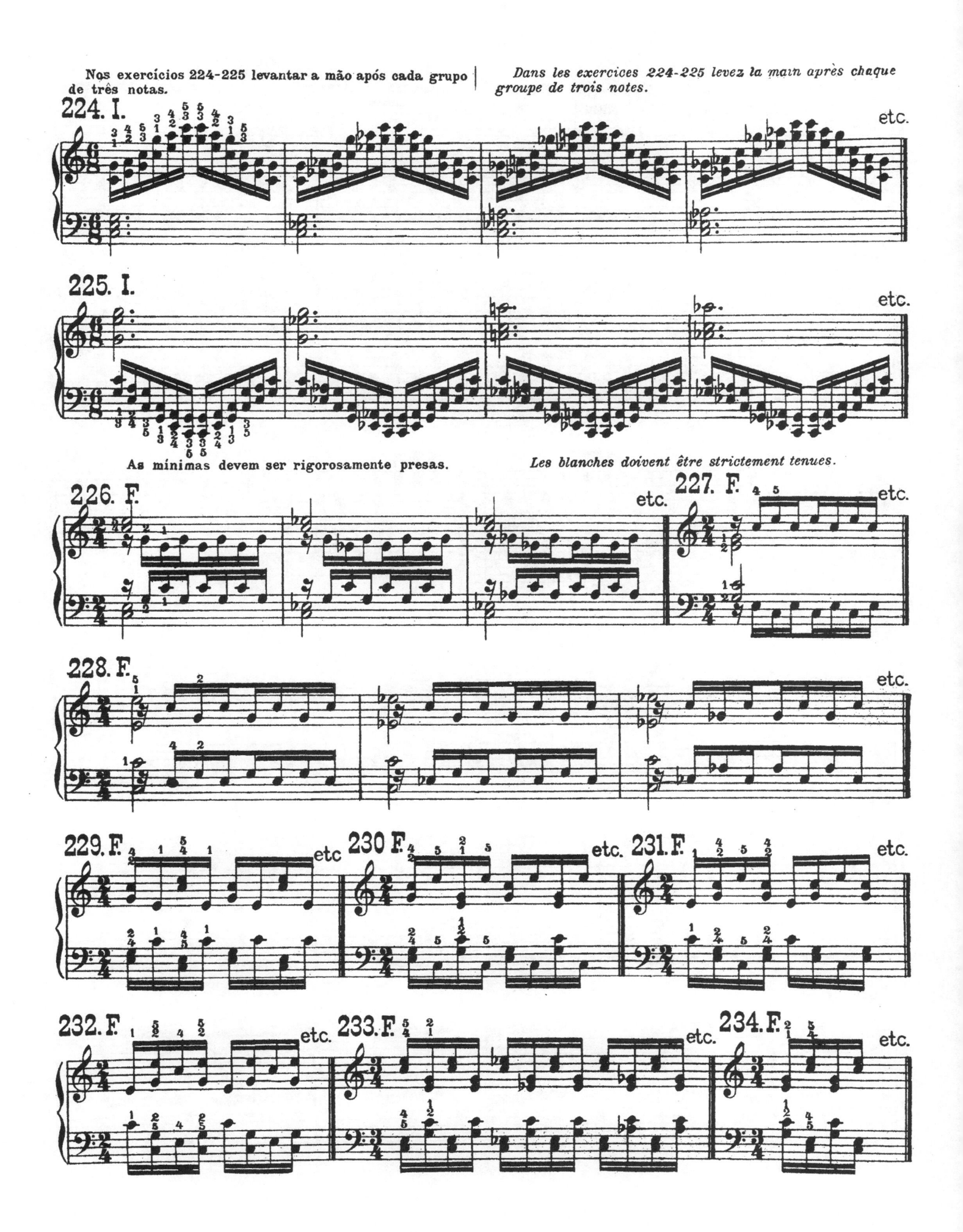

Nos exercícios 224-225 levantar a mão após cada grupo de três notas.

Dans les exercices 224-225 levez la main après chaque groupe de trois notes.

As mínimas devem ser rigorosamente presas.

Les blanches doivent être strictement tenues.

235. F.
etc.
236. F.
etc.
237. C.
etc.
238. C.
etc.
239. F.
etc.
240. C.
etc.
241. F.
etc.
242. C.
etc.
243. F.
etc.
244. H.
etc.

Nos exercícios 245-252 levantar a mão após cada grupo de duas notas.

Dans les exercices 224-225 levez la main après chaque groupe de trois notes.

Os exercícios 253-256 exigem um movimento combinado dos dedos com punho, que deve estar livre e auxiliar os dedos com um pequeno movimento horizontal.

Les exercices 253-256 réclament un mouvement combiné du doigt et du poignet; celui-là doit être très libre et aider au mouvement des doigts par un mouvement horizontal.

Levantar a mão após cada grupo de duas notas.

Levez la main après chaque groupe de deux notes.

Nos exercícios 263-264 levantar a mão após cada grupo de duas notas.

Dans les exercices 263, 264, il faut lever la main après chaque groupe de deux notes.

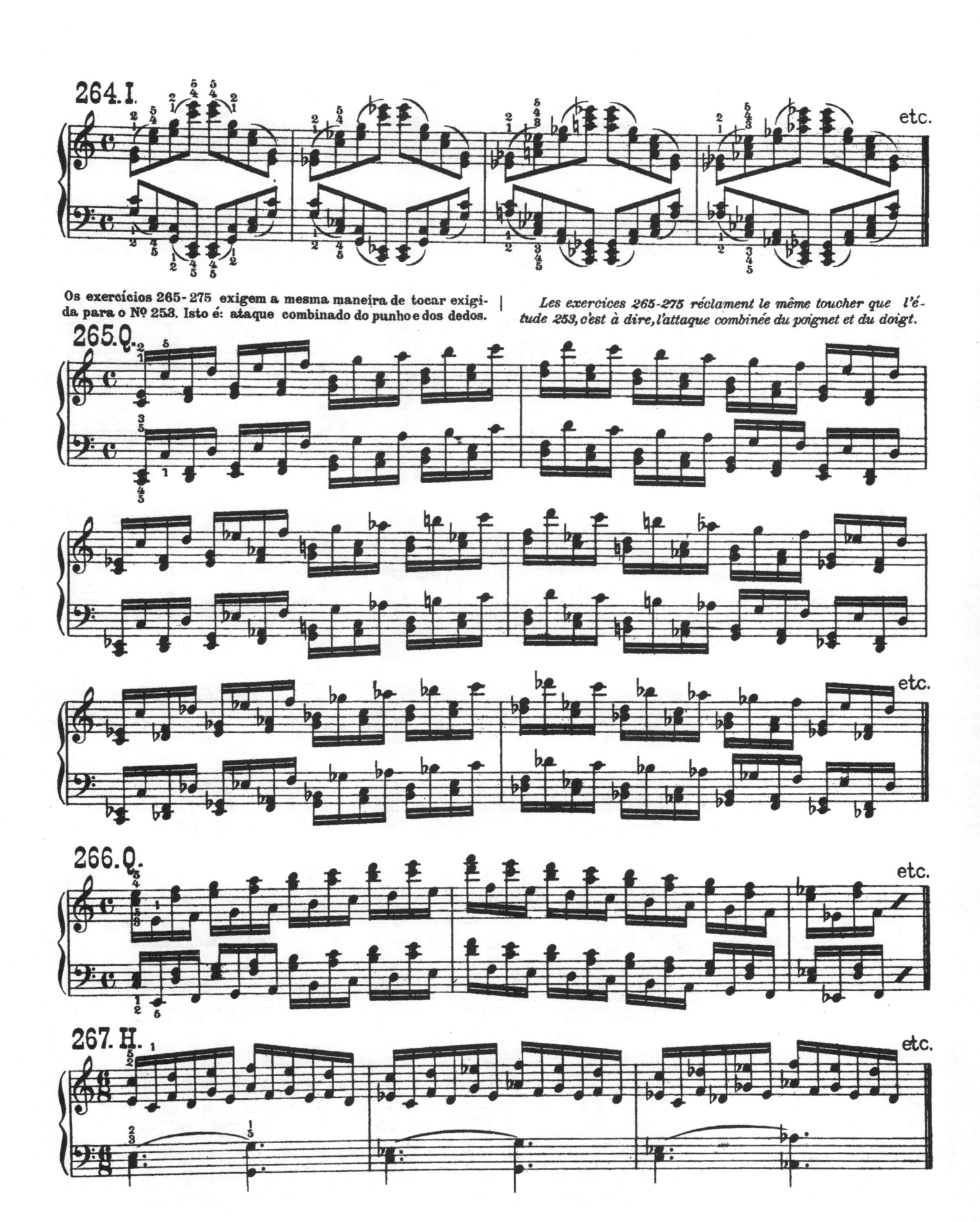

Os exercícios 265-275 exigem a mesma maneira de tocar exigida para o Nº 253. Isto é: ataque combinado do punho e dos dedos.

Les exercices 265-275 réclament le même toucher que l'étude 253, c'est à dire, l'attaque combinée du poignet et du doigt.

268. F.
etc.
269. F.
etc.
270. H.
etc.
271. H.
etc.
272. H.
etc.
273. F.
etc.
274. F.
etc.
275. G.
etc.
276. G.
etc.

Nos exercicios 277-280 não se deve observar a mudança da mão.

Dans les exercices 277-280, on ne doit pas remarquer le changement de main.

Sétima Parte.
Estudos de oitavas e acordes.

Antes de encetar o estudo das oitavas e dos acordes é necessário exercitar o primeiro, quarto e quinto dedo, para isso damos os quatro primeiros exercicios, devendo servir-se das duas maneiras de ataque: *Staccato* e *legato*.

I.º *Oitavas em staccato:* A nota deve ser presa firmemente apoiada, o punho livre e a nota dada por um movimento oblíquo do punho.

II. *Oitavas ligadas:* Os dedos devem escorregar de uma a outra nota. O estudo das oitavas só começa no N.º 285. Ha três espécies de *staccato* para as oitavas.

A primeira é a mais importante, que parte do punho para as passagens de força comum, (esta espécie de staccato foi estudada na primeira parte, é o staccato do punho); a segunda espécie põe em jogo o punho e o ante-braço, empregada nas passagens de força; a terceira espécie que se utiliza do braço inteiro só é empregada nas passagens de grande força.

Estas três formas de ataque devem ser estudadas a fundo, separadamente e na respectiva ordem.

Para as *oitavas ligadas,* é preciso combinar o movimento dos dedos com o do punho; a sonoridade é produzida mais pela pressão do que pelo *bater*.

O punho ajuda os dedos abaixando e levantando-se alternadamente. Os exercicios N.º 286 a 295 devem ser estudados em *oitavas soltas*. Isto é; tocando primeiro a nota grave depois a nota aguda, segundo os exemplos que vem depois do N.º 325.

Septième partie.
Etudes d'octaves et d'accords.

Avant d'aborder l'étude des octaves et des accords il faut faire l'éducation des premier, quatrième et cinquième doigts. C'est le but des quatre premiers exercices. On se servira de deux touchers différents.

1.º Octaves en staccato: *La note soutenue doit être fermement appuyée, le poignet libre, et la note frappée par un mouvement oblique du poignet.*

2.º Octaves liées: *Les doigts doivent glisser de note en note.*

La véritable étude d'octaves ne commence qu'au N.º 285.

Il y a trois espèces de staccato pour les octaves.

La première, et la plus importante, qui part du poignet, pour les passages qui n'ont réellement qu'une force ordinaire, (ce staccato a été étudié dans la première partie; c'est le staccato *du poignet); la seconde qui met en jeu le poignet et l'avant bras, employé dans les passages de force, enfin la troisième qui met en jeu le bras entier, n'est utilisé que dans les passages de grande force.*

Ces trois différents genres d'attaque doivent être étudiés au fond séparément, et dans leur ordre respectif.

Pour les octaves liées, il faut combiner le toucher du poignet avec celui des doigts. La sonorité est produite par la pression *plus que par le* frappé.

Le poignet aide les doigts en s'abaissant et se relevent alternativemt. Les exercices N.º 286 bis 295 doivent se travailler en octaves brisées de deux façons différentes en frappant la note grave d'abord, puis en frappant la note aigüe selon les examples qui suivent le N.º 325.

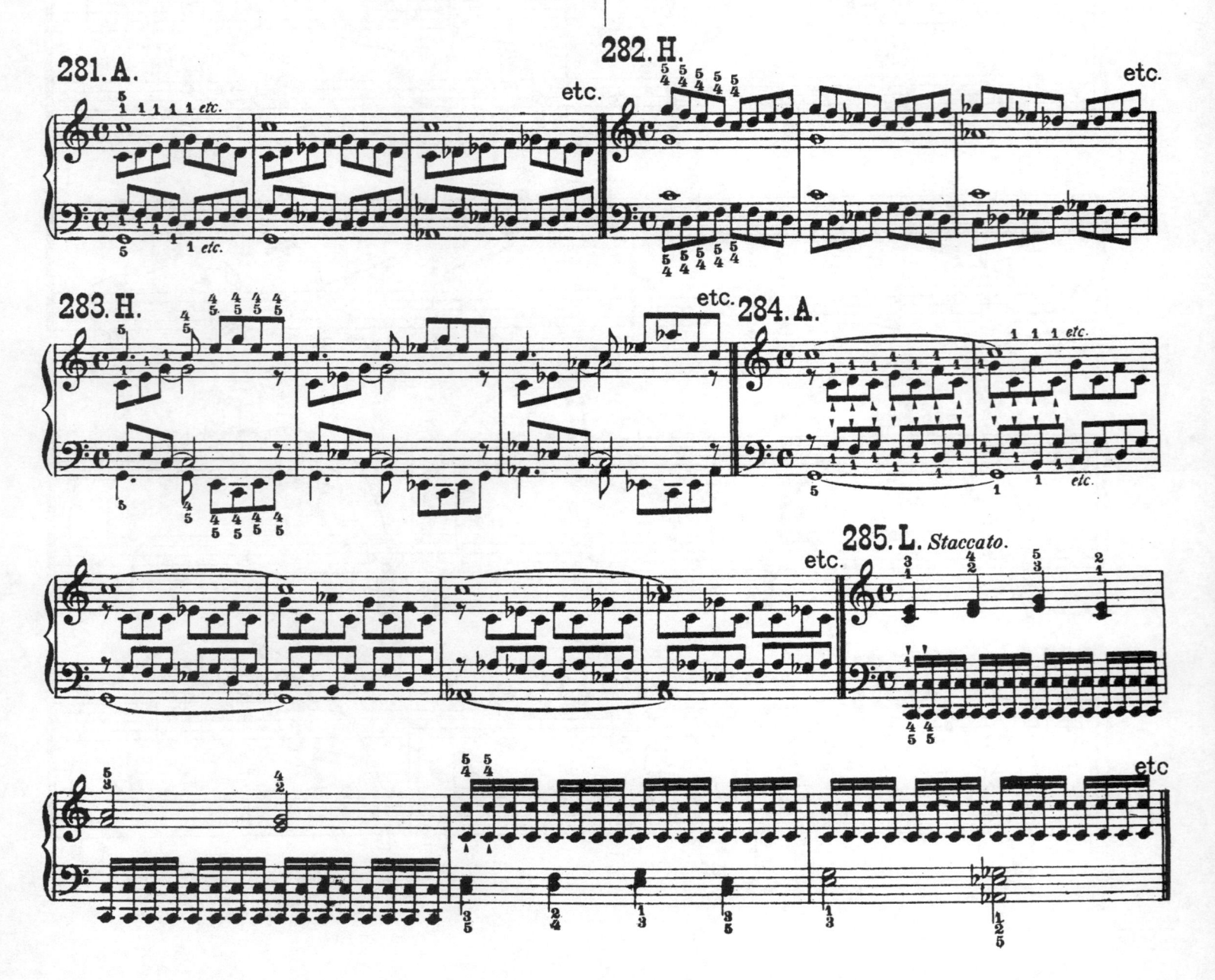

286. A. Staccato.
etc.
287. A. Staccato.
etc.
288. A. Staccato.
etc.
289. F. Staccato.
etc.
290. H. Staccato.
etc.
291. C. Staccato.
etc.
292. D. Staccato.
etc.
293. C. Staccato.
etc.
294. C. Staccato.
m. D.
m. D.
etc.

66

303.A. *Legato.*

304.A. *Legato.* 305 A. *Legato.*

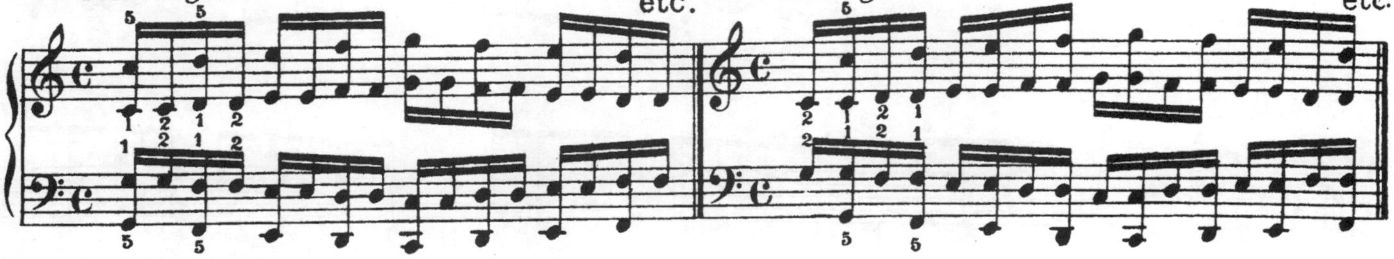

Não transportar.) | *Ne transposez pas.*

306. *Legato.*

Não transportar. | *Ne transposez pas.*

307. *Legato.*

308.C. *Legato.*

Legato e staccato combinados.
Legato *et* staccato *Combines.*

309.H. *Legato.* 310.H.

311.B. *Legato.*

68

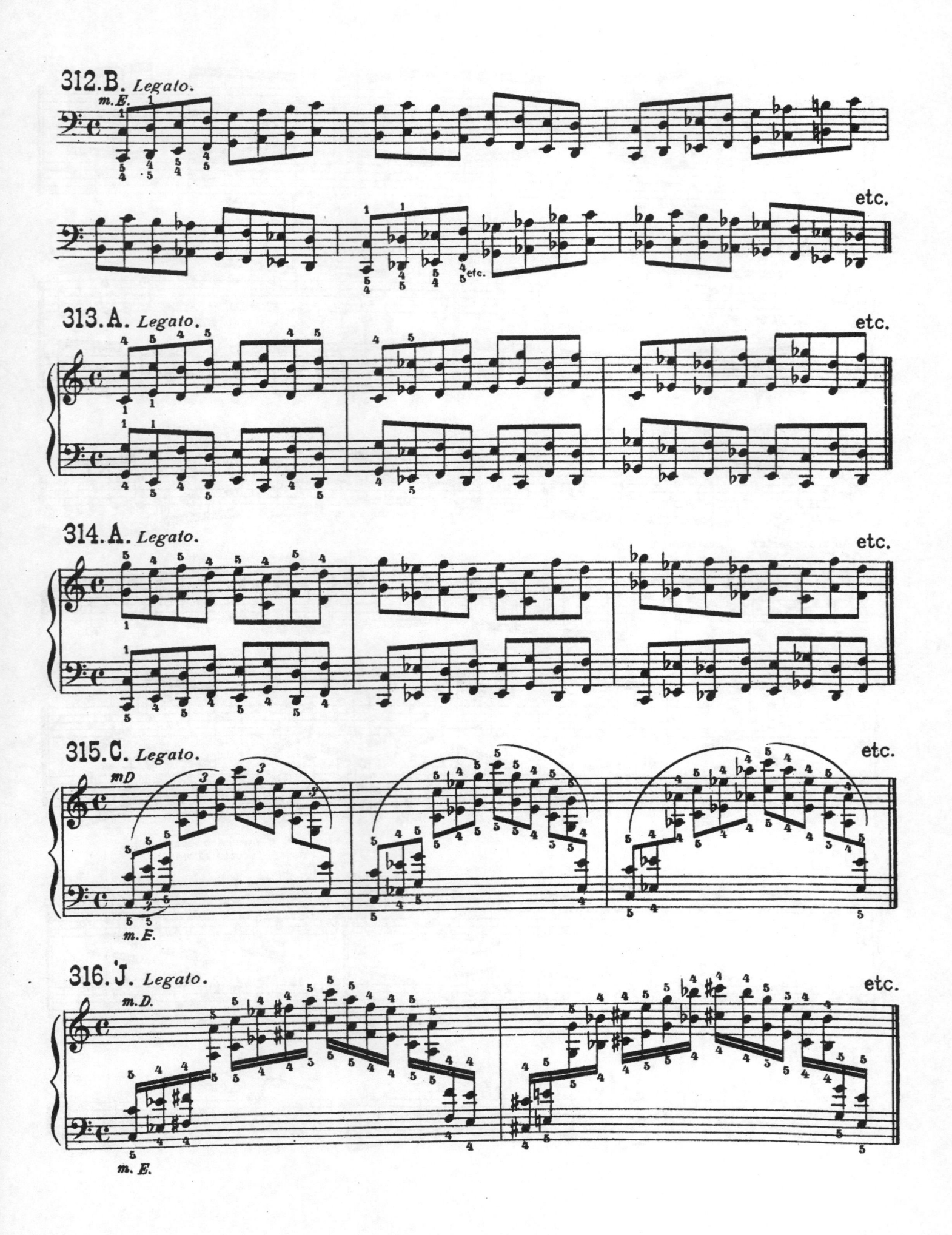

69

Não transportar. | *Ne transposez pas.*

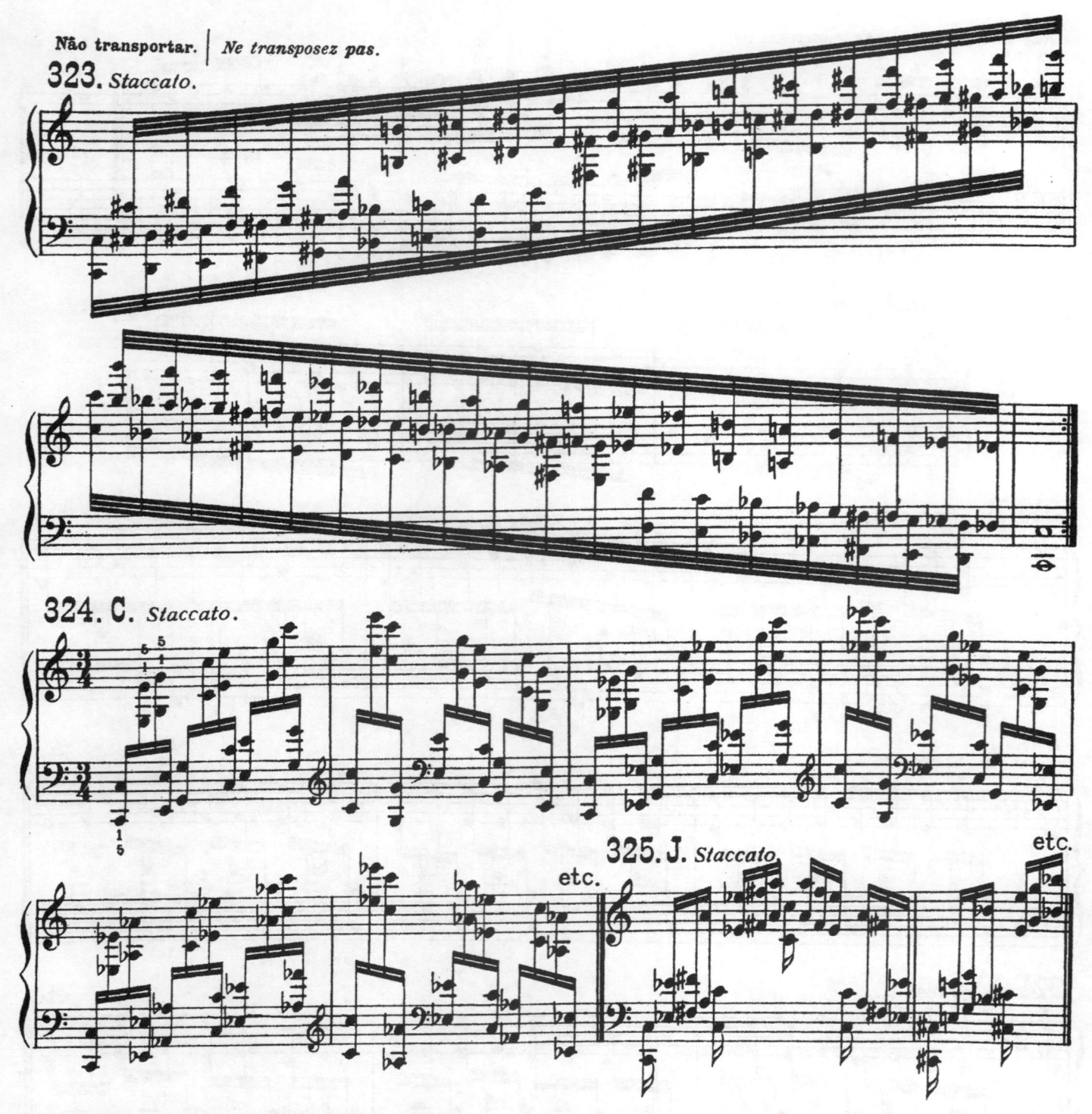

323. *Staccato.*

324. C. *Staccato.*

325. J. *Staccato.*

Exemplos para o estudo dos oitavas soltas. | Examples pour l'étude des octaves brisées.

Estudar os exercícios Nº 286 a 295 das duas maneiras seguintes. | *Travaillez les exercices 286-295 des deux façons suivantes.*

Nº 286.   Nº 286.

Nº 287.   Nº 287.

Estudos para os acordes.

As regras já expostas para o estudo das oitavas aplicam-se igualmente ao estudo dos acordes. Os exercícios 326-328 no começo devem ser estudados empregando ligeiramente o punho; mais tarde poderá se servir do antebraço e do punho para obter uma execução mais firme.

Etudes pour les accords.

Les regles données plus haut pour l'étude des octaves suppliquent également à l'étude des accords. Les exercices 326-328 doivent être travaillés du poignet très légèrement pour commencer; plus tard on se servira de l'avant bras et du poignet pour obtenir un toucher plus ferme.

Primeira combinação do punho e do ante-braço. Com todo o braço.
Première combinaison du poignet et de l'avant bras. Avec tout le bras.

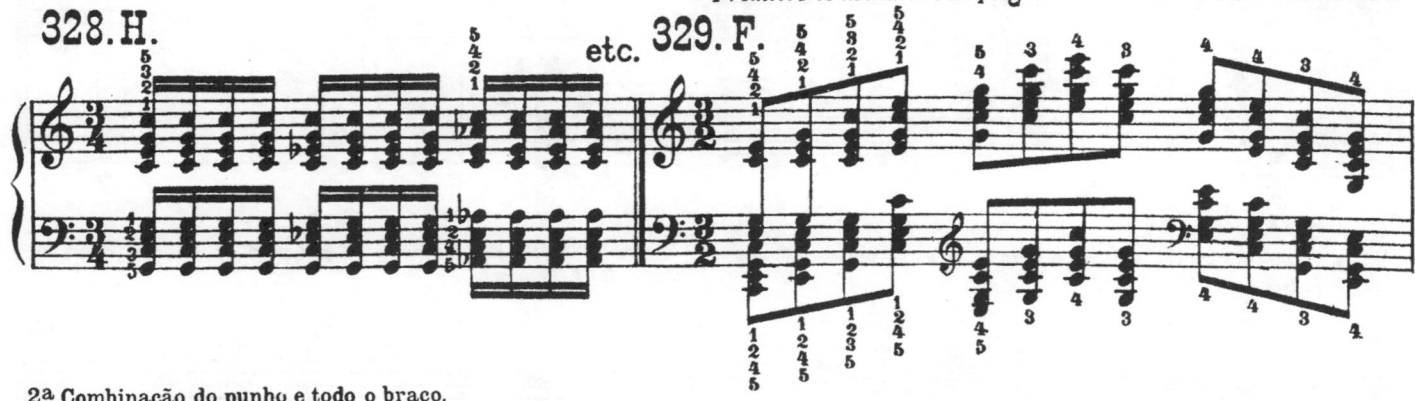

2ª Combinação do punho e todo o braço.
Seconde combinaison de derrière et avant bras.

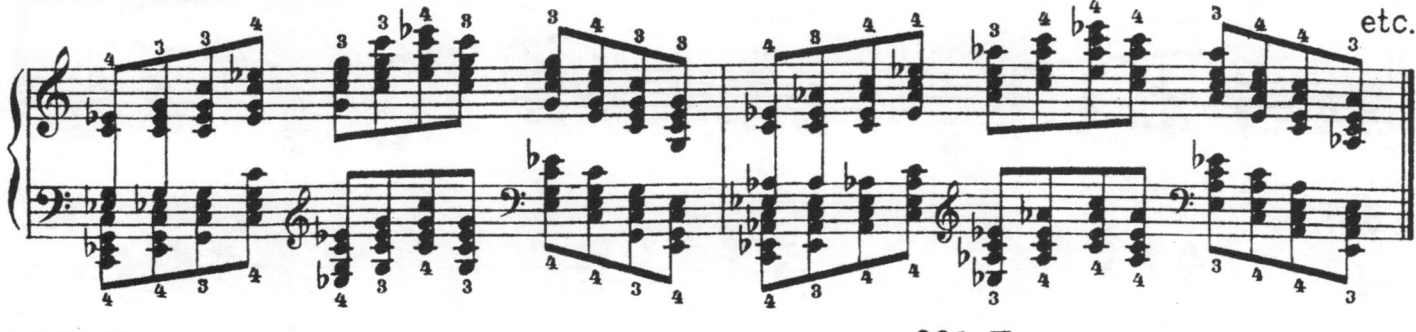

Os exercícios 332. 333 devem-se tocar 1º com auxílio do punho e ante-braço; 2º com todo o braço.

Les exercices 332, 333 doivent se jouer, 1º avec le poignet et l'avant bras; 2º avec tout le bras.

332. F.

333. F.

Os exercícios 334. 335 com o punho e ante-braço.

Les exercices 334, 335 avec le poignet et l'avant bras.

334. F.

335. F.

Os Nºs 334-337; 1º com o punho e ante-braço; 2º com todo o braço.

Les Nºs 334-337; 1º avec le poignet et l'avant bras; 2º avec tout le bras.

336. J.

337. F.

Tocar ligeiramente, primeiro com auxílio do punho, depois com o punho e ante-braço.

Travaillez très légèrement, d'abord du poignet seulement, puis du poignet et de l'avant bras.

338. I.

Estudos para os acordes e oitavas.

Os acordes devem ser apoiados e não batidos; as oitavas devem ser tocadas muito ligeiramente com auxílio do punho.

Etudes pour les accords et les octaves.

Les accords doivent être appuyés et non frappés; les octaves doivent se jouer très légèrement et du poignet.

339. C.

340. B.

341. C.

342. F.

343.C.

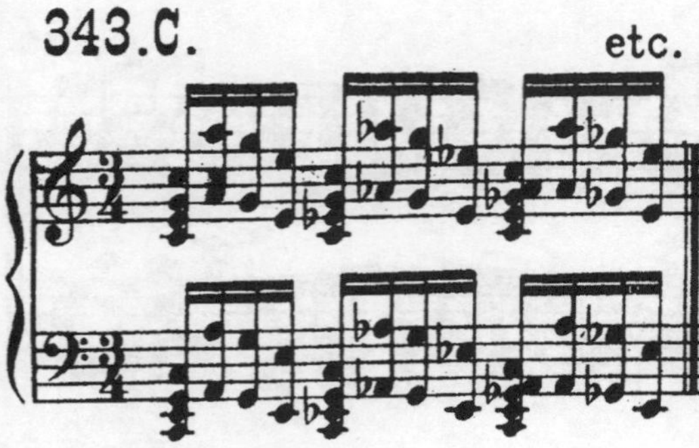

344. H.

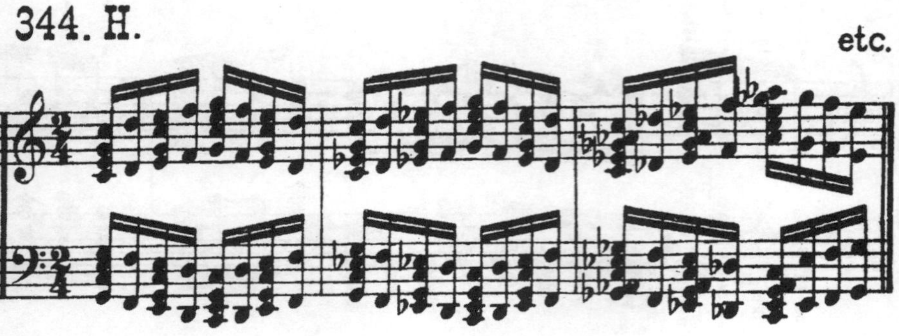

345.B.

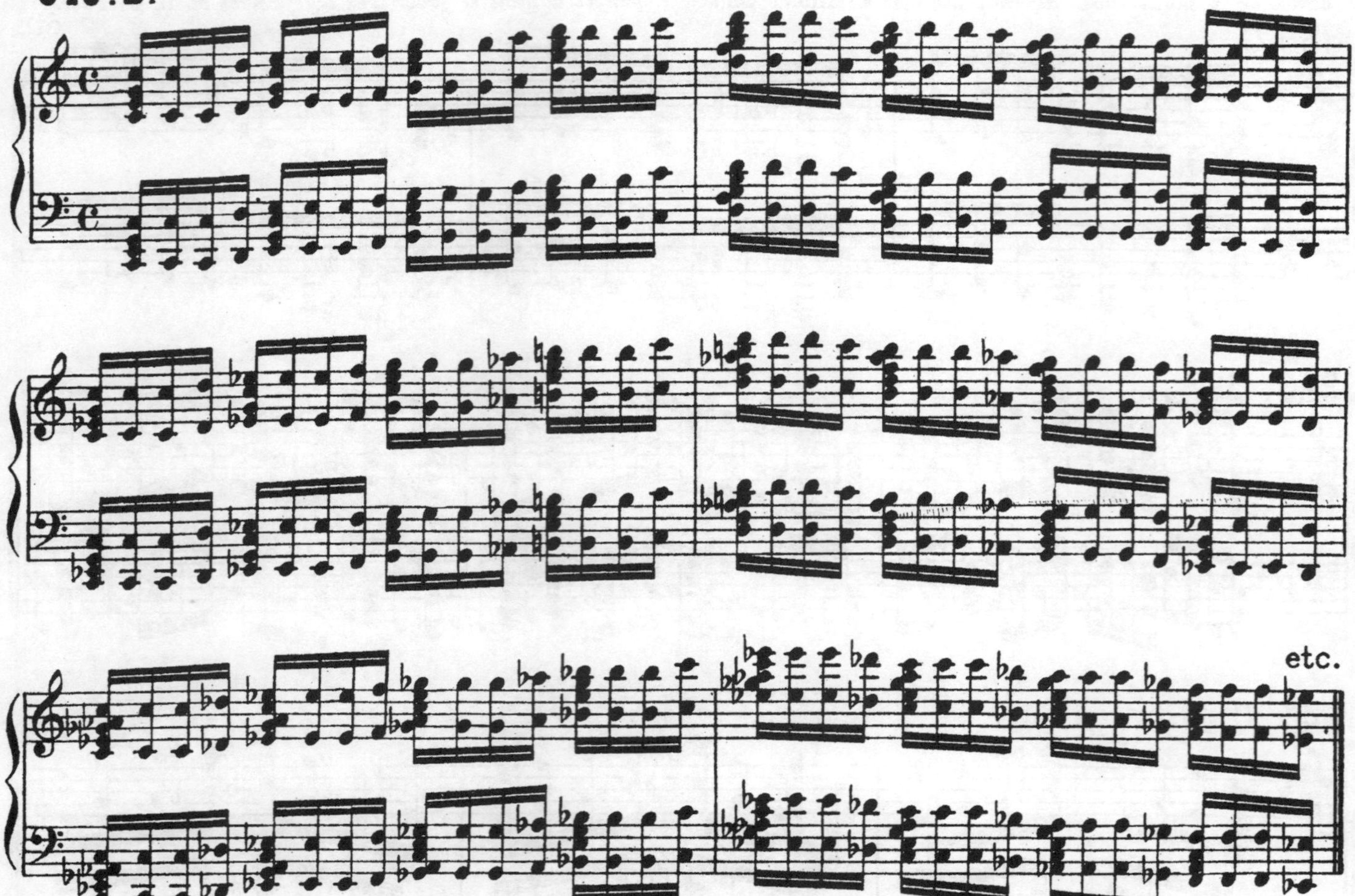

346. C.

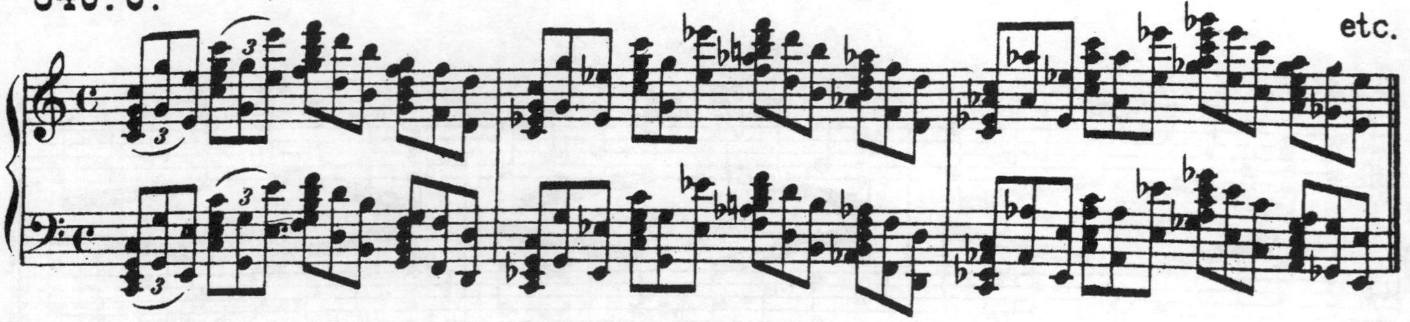

Oitava parte.
Exercícios de distensão.

A mão deve se abrir tanto quanto possível. O punho fica livre e leve; a sonoridade se obtem pela pressão, mais do que pelo apoiar dos dedos.

Os exercícios 347-370 devem ser tocados *legato*.

Huitième partie
Exercices d'extension.

La main doit s'étendre autant que possible. Le poignet reste libre et souple et la sonorité s'obtient plutôt par pression que par frappé.

Ces exercices — 347-370 — doivent être joués legato.

349. F. Ritmar em tresquialteras e sesquialteras | *Marquez en triolets et en sextolets.*

357. F. Ritmar em tresquialteras. *Rythmez en triolets.*

358. C.

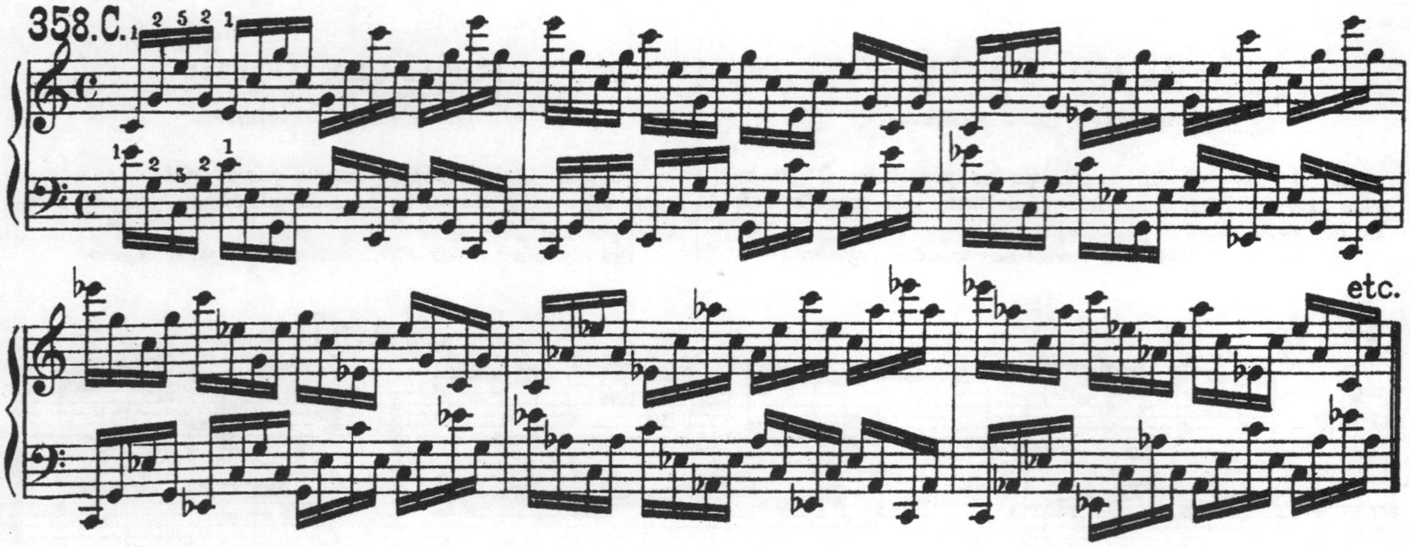

359. C.

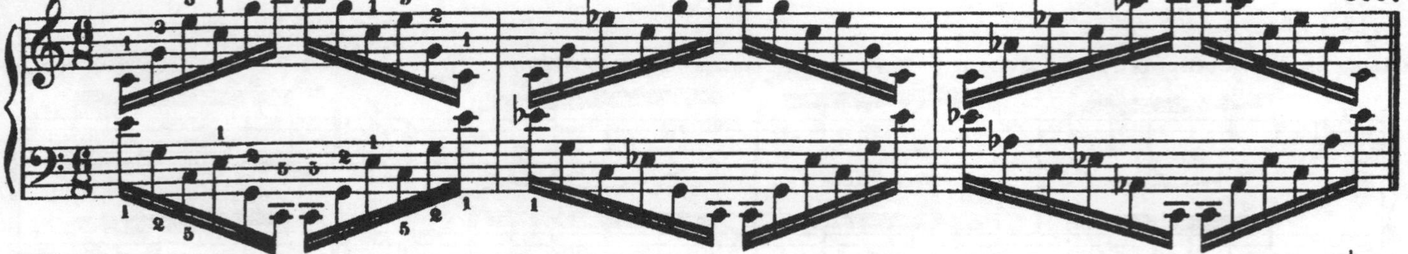

360. C.

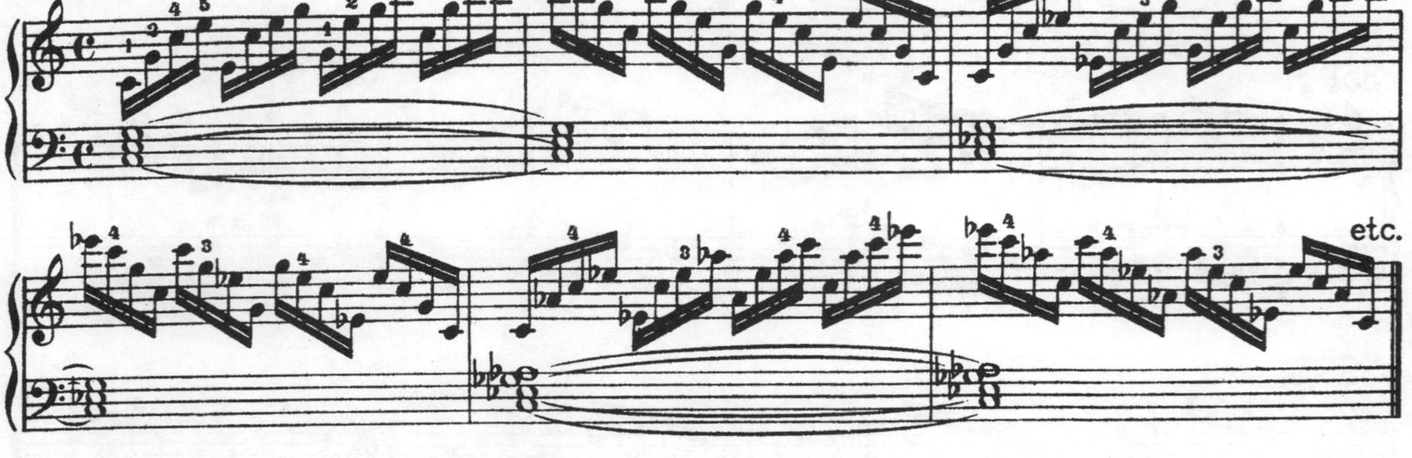

361. E.

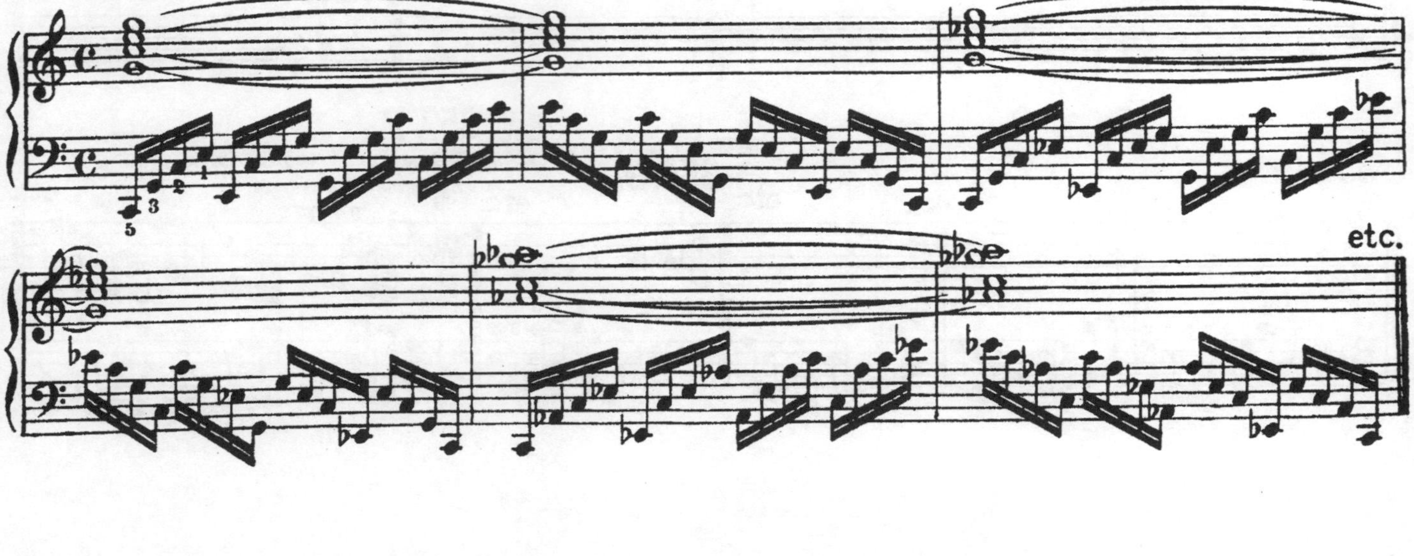

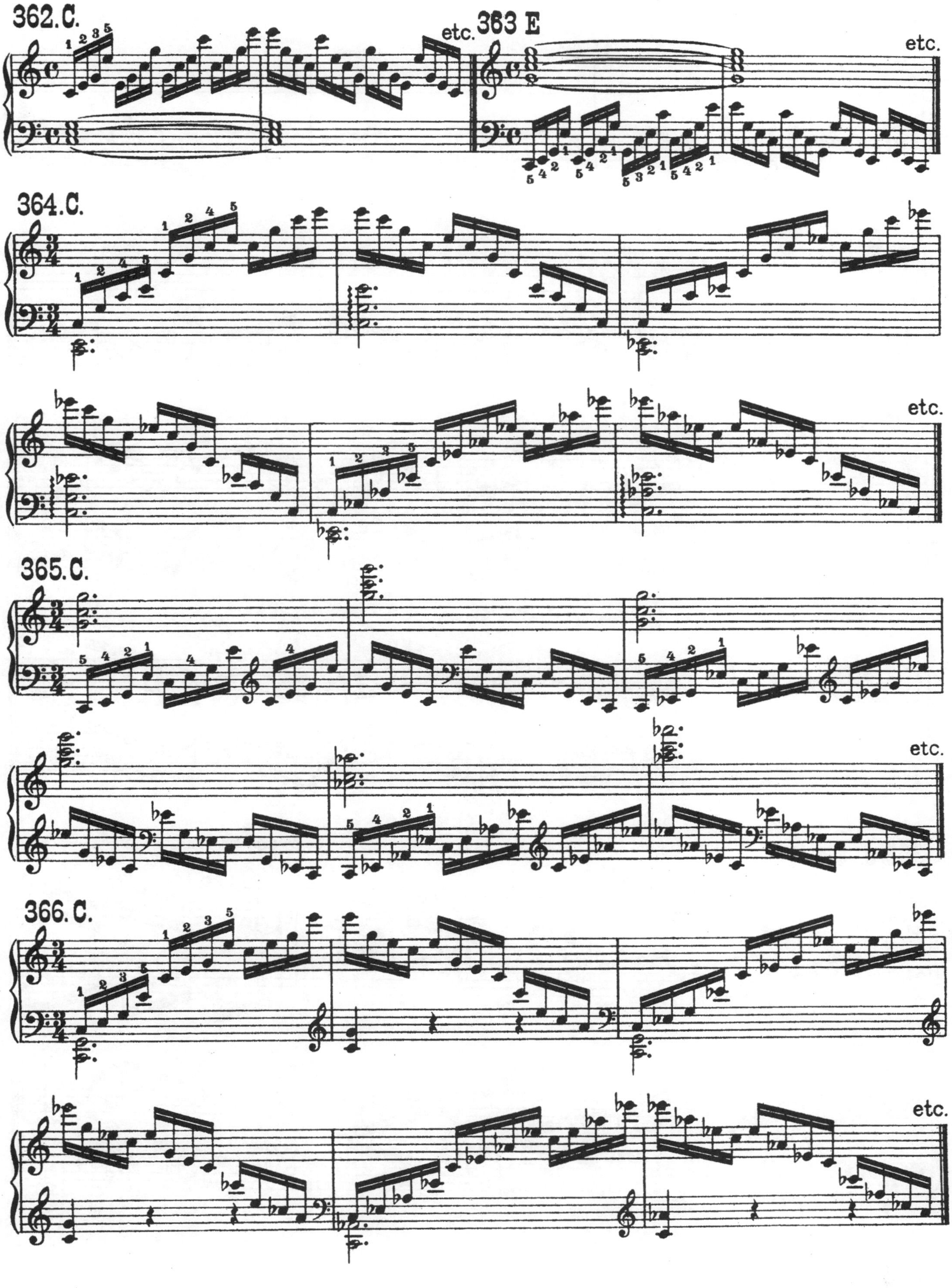
362. C.
etc.
363 E
etc.
364. C.
etc.
365. C.
etc.
366. C.
etc.

367. C.

368. C.

369. J.

Não transportar.   Ne transposez pas.

Os Nos 373-388 só se podem estudar em *staccato* por causa da distensão da mão. Procurar dar a nota justa. O punho livre descreve um pequeno movimento circular.

Les Nº 373-388 ne peuvent se travailler qu'en staccato à cause de l'écartement. On doit se borner à frapper la note juste. Le poignet doit être libre et décrit un petit mouvement circulaire.

80

81

Nona Parte.
Exercícios para cruzamento e mudança das mãos.

Os exercícios 389-392 são especialmente combinados para o cruzamento das mãos e para obter a maneira segura de tocar as notas distantes.

Os exercícios 393-404 servem para o estudo da mudança da mão. Esta mudança deve ser feita sem falha e de forma a não ser percebida.

Estas divisões (da frase musical) servem para dar mais força e rapidez, o que não seria possível se a passagem fosse escrita para uma só mão.

O aluno deve procurar obter a maior rapidez possível nestes estudos.

Neuvième partie.
Exercices pour le croisement et la changement de mains.

Les exercices 389-392 tout spécialement combinées pour le croisement des mains et pour obtenir de la sûreté dans le frappé des notes éloignées

Les exercices 393-404 servent à l'étude du changement de main. Ce changement doit se faire sans secousse et d'une façon non apparente.

Ces divisions servent à donner plus de force et de rapidité qu'il ne serait possible si le passage était écrit pour une seule main.

L'élève doit s'appliquer à atteindre une grande rapidité dans ces études.

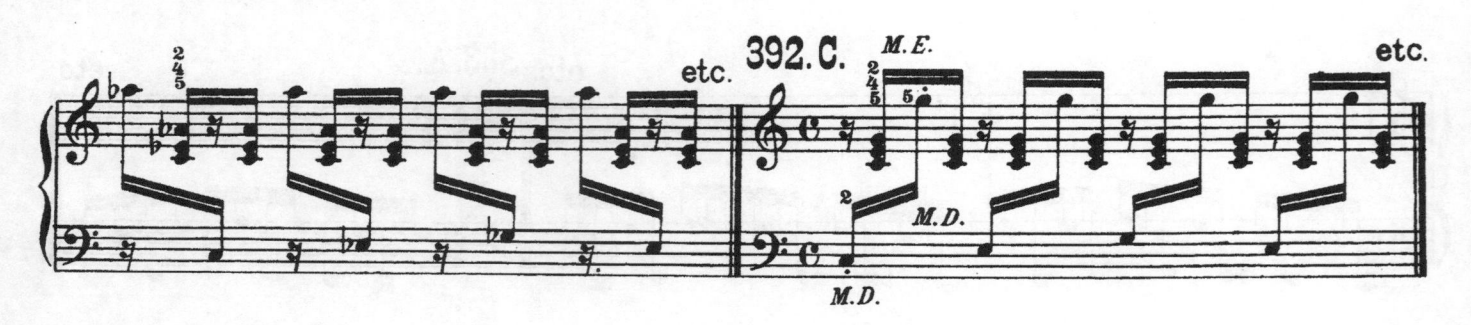

83

396. C.

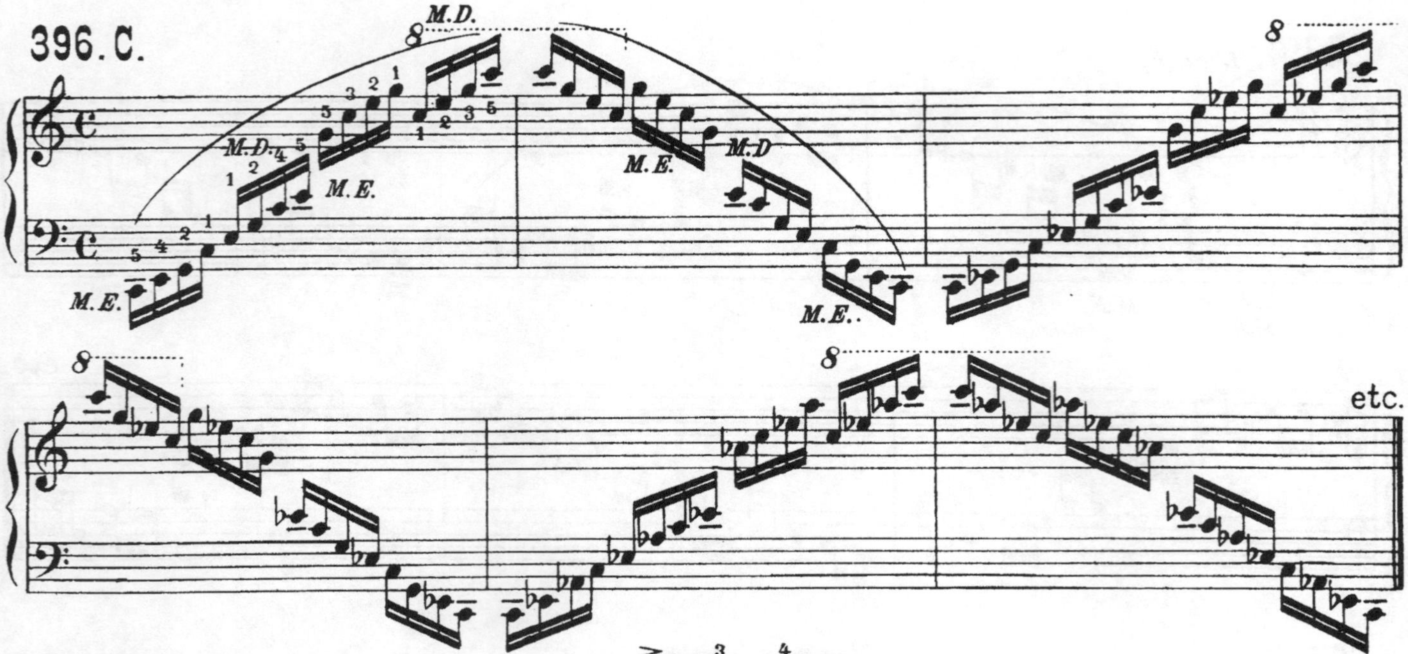

397. J.

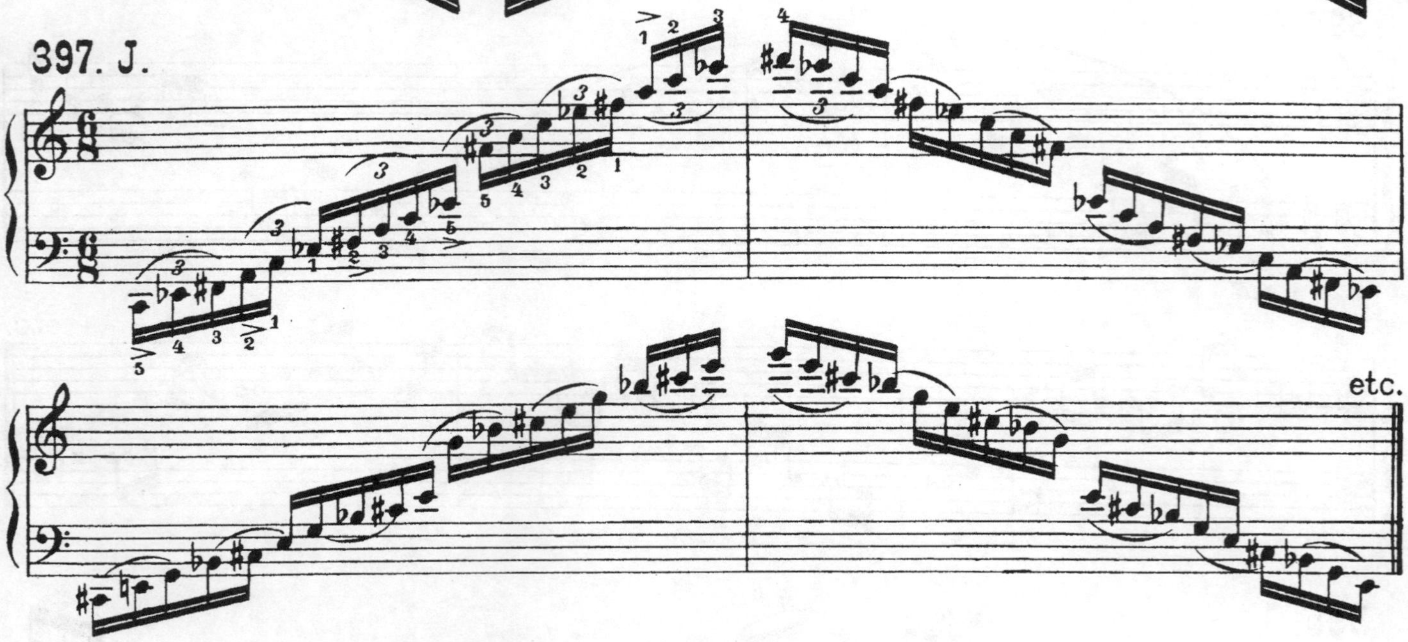

398. B.

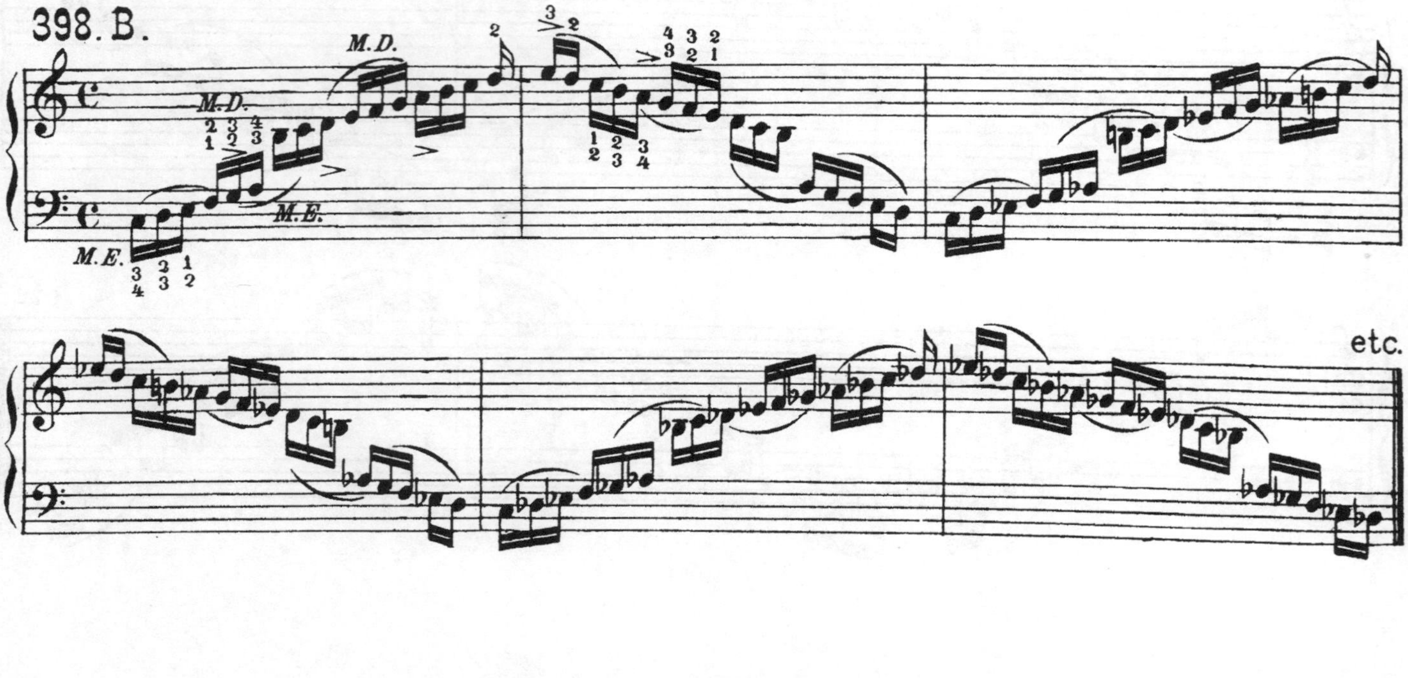

85

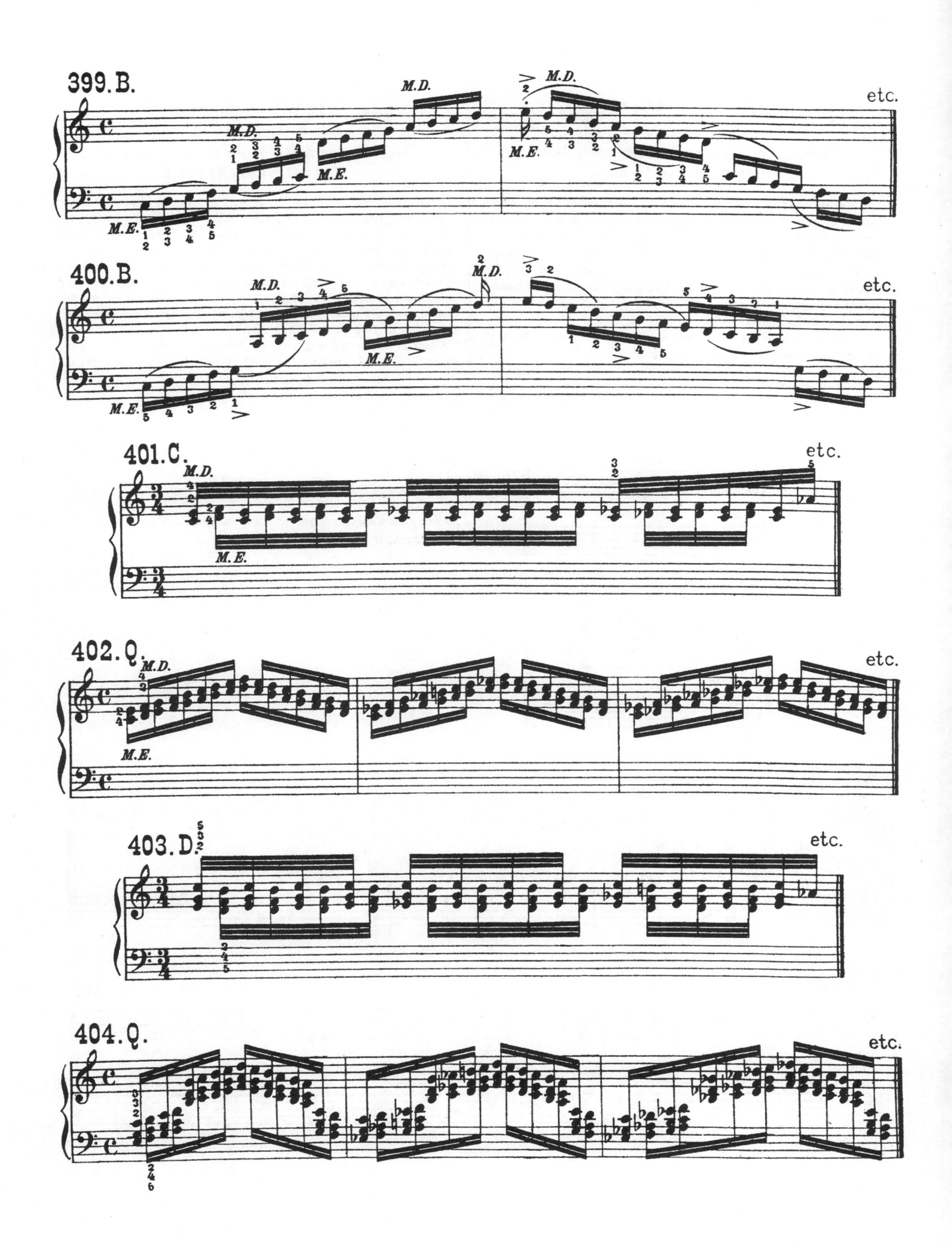

Décima Parte.

Para aprender a tocar com um ritmo diverso em cada mão.

Muitos alunos encontram grande dificuldade em executar as passagens tendo ritmos diferentes em cada mão. A maior parte entrega-se ao acaso esperando, que "irá bem apesar de tudo" (no fim dá certo). É indispensavel entretanto que o aluno compreenda a relação exata dos ritmos em si e que saiba claramente que notas devem ser tocadas juntas e em que momento devem ser aquelas que não caem em tempo justo.

Nós trataremos agora da combinação mais fácil e mais frequente, o ritmo de duas contra três.

Dixième partie.

Pour apprendre à jouer dans un rythme différent à chaque main.

Beaucoup d'élève éprouvent une grande difficulté à exécuter les passages ayant un rythme différent à chaque main. La plupart s'en remettent au hasard, espérant que „cela ira tout de même." Il va sans dire que c'est là une grave erreur Il est indispensable que l'élève se rende un compte exact du rapport des deux rythmes entr'eux et qu'il sache clairement quelles notes doivent être jouées ensemble et à quel moment doivent se jouer les notes qui ne tombent pas au même temps.

Nous traiterons d'abord la combinaison la plus facile et la plus fréquente, le rythme de deux contre trois.

Tocar e contar como no exemplo abaixo.

A jouer et à compter comme il est indiqué dans l'exemple ci-dessous.

405. A.

406. A.

87

Três notas contra quatro. | Trois notes contre quatre.

O exemplo abaixo dá as relações exatas.
L'Exemple ci-dessous donne les relations exactes.

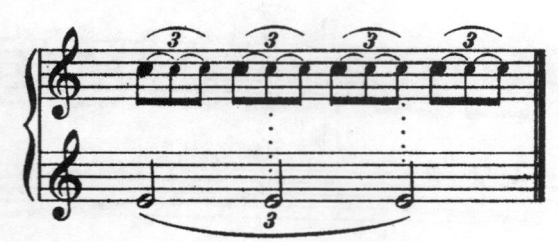

410. A.

411. A.

412. G.

413. G.

414. C. Segundo Clementi. / D'après Clementi.

415. C.

Duas notas contra cinco. | Deux notes contre cinq.

416. C. Segundo Chopin. / D'après Chopin.

No exemplo abaixo, duas notas da mão direita caem sobre uma da mão esquerda, mas os acordes são diferentes nas duas mãos.

Dans l'exemple suivant deux notes de la main droite tombent sur une de la main gauche, mais les accords sont différents dans les deux mains.

417. C. Segundo Chopin. / D'après Chopin.

Apêndice.
Appendice.
Escalas e arpejos com a dedilhação normal.
Gammes et arpèges avec le doigté normal.

Escala em Do.
Gamme d'ut.

Maior em movimento paralelo.
*) Majeur par mouvement parallèle.

Menor harmônica em movimento paralelo.
Mineur harmonique par mouvement parallèle.

Maior em décimas ou terças.
Majeur en dixièmes ou tierces.

Menor harmônica em décimas ou terças.
Mineur harmonique en dixièmes ou tierces.

Maior em sextas.
Majeur en sixtes.

Menor harmônica em sextas.
Mineur harmonique en sixtes.

Maior em movimento contrário.
Majeur par mouvement contraire.

Menor harmônica em movimento contrário.
Mineur harmonique par mouvement contraire.

Menor melódica em movimento paralelo.
Mineur mélodique par mouvement parallèle.

*) Ate a pagina 91- as indicações são as mesmas.
*) *Ces indications sont les mêmes à chaque page, jusqu'à la page 91*

Escala de Sol.
Gamme de sol.

Maior em movimento paralelo.
Majeur par mouvement parallèle.

Menor harmônica em movimento paralelo.
Mineur harmonique par mouvement parallèle.

Maior em décimas ou terças.
Majeur en dixièmes ou tierces.

Menor harmônica em décimas ou terças.
Mineur harmonique en dixièmes ou tierces.

Maior em sextas.
Majeur en sixtes.

Menor harmônica em sextas.
Mineur harmonique en sixtes.

Maior em movimento contrário.
Majeur par mouvement contraire.

Menor harmônica em movimento contrário.
Mineur harmonique par mouvement contraire.

Menor melódica em movimento paralelo.
Mineur mélodique par mouvement parallèle.

Escala em Ré.
Gamme de ré.

Maior em movimento paralelo.
Majeur par mouvement parallèle.

Menor harmônica em movimento paralelo.
Mineur harmonique par mouvement parallèle.

Maior em décimas ou terças.
Majeur en dixièmes ou tierces.

Menor harmônica em décimas ou terças.
Mineur harmonique en dixièmes ou tierces.

Maior em sextas.
Majeur en sixtes.

Menor harmônica em sextas.
Mineur harmonique en sixtes.

Maior em movimento contrário.
Majeur par mouvement contraire.

Menor harmônica em movimento contrário.
Mineur harmonique par mouvement contraire.

Menor melódica em movimento paralelo.
Mineur mélodique par mouvement parallèle.

Escala de Lá.
Gamme de la.

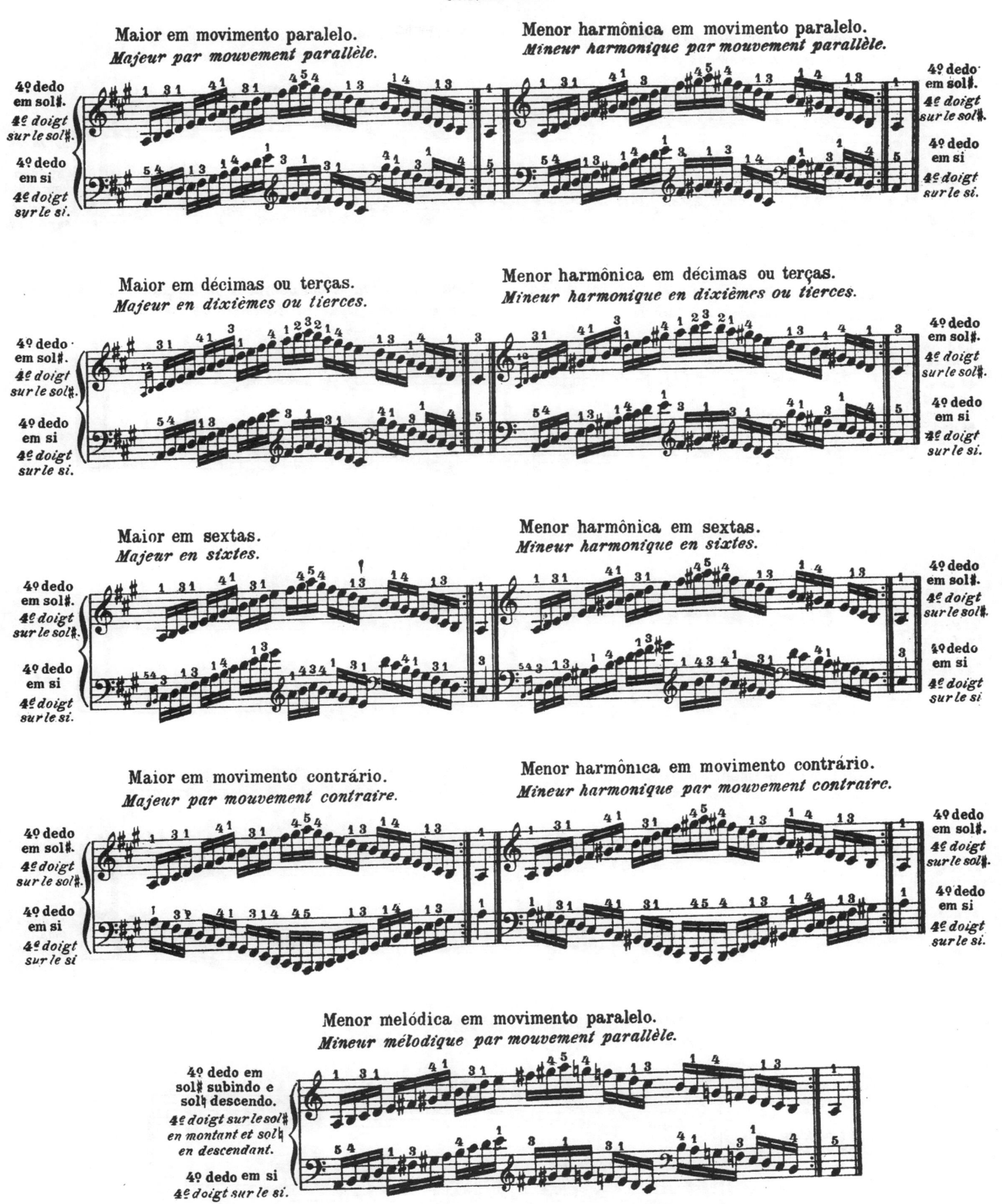

Maior em movimento paralelo.
Majeur par mouvement parallèle.

Menor harmônica em movimento paralelo.
Mineur harmonique par mouvement parallèle.

4º dedo em sol♯.
4e doigt sur le sol♯.

4º dedo em si
4e doigt sur le si.

4º dedo em sol♯
4e doigt sur le sol♯.

4º dedo em si
4e doigt sur le si.

Maior em décimas ou terças.
Majeur en dixièmes ou tierces.

Menor harmônica em décimas ou terças.
Mineur harmonique en dixièmes ou tierces.

4º dedo em sol♯.
4e doigt sur le sol♯.

4º dedo em si
4e doigt sur le si.

4º dedo em sol♯
4e doigt sur le sol♯.

4º dedo em si
4e doigt sur le si.

Maior em sextas.
Majeur en sixtes.

Menor harmônica em sextas.
Mineur harmonique en sixtes.

4º dedo em sol♯.
4e doigt sur le sol♯.

4º dedo em si
4e doigt sur le si.

4º dedo em sol♯
4e doigt sur le sol♯.

4º dedo em si
4e doigt sur le si.

Maior em movimento contrário.
Majeur par mouvement contraire.

Menor harmônica em movimento contrário.
Mineur harmonique par mouvement contraire.

4º dedo em sol♯.
4e doigt sur le sol♯.

4º dedo em si
4e doigt sur le si.

4º dedo em sol♯
4e doigt sur le sol♯.

4º dedo em si
4e doigt sur le si.

Menor melódica em movimento paralelo.
Mineur mélodique par mouvement parallèle.

4º dedo em sol♯ subindo e sol♮ descendo.
4e doigt sur le sol♯ en montant et sol♮ en descendant.

4º dedo em si
4e doigt sur le si.

Escala de Mi.
Gamme de mi.

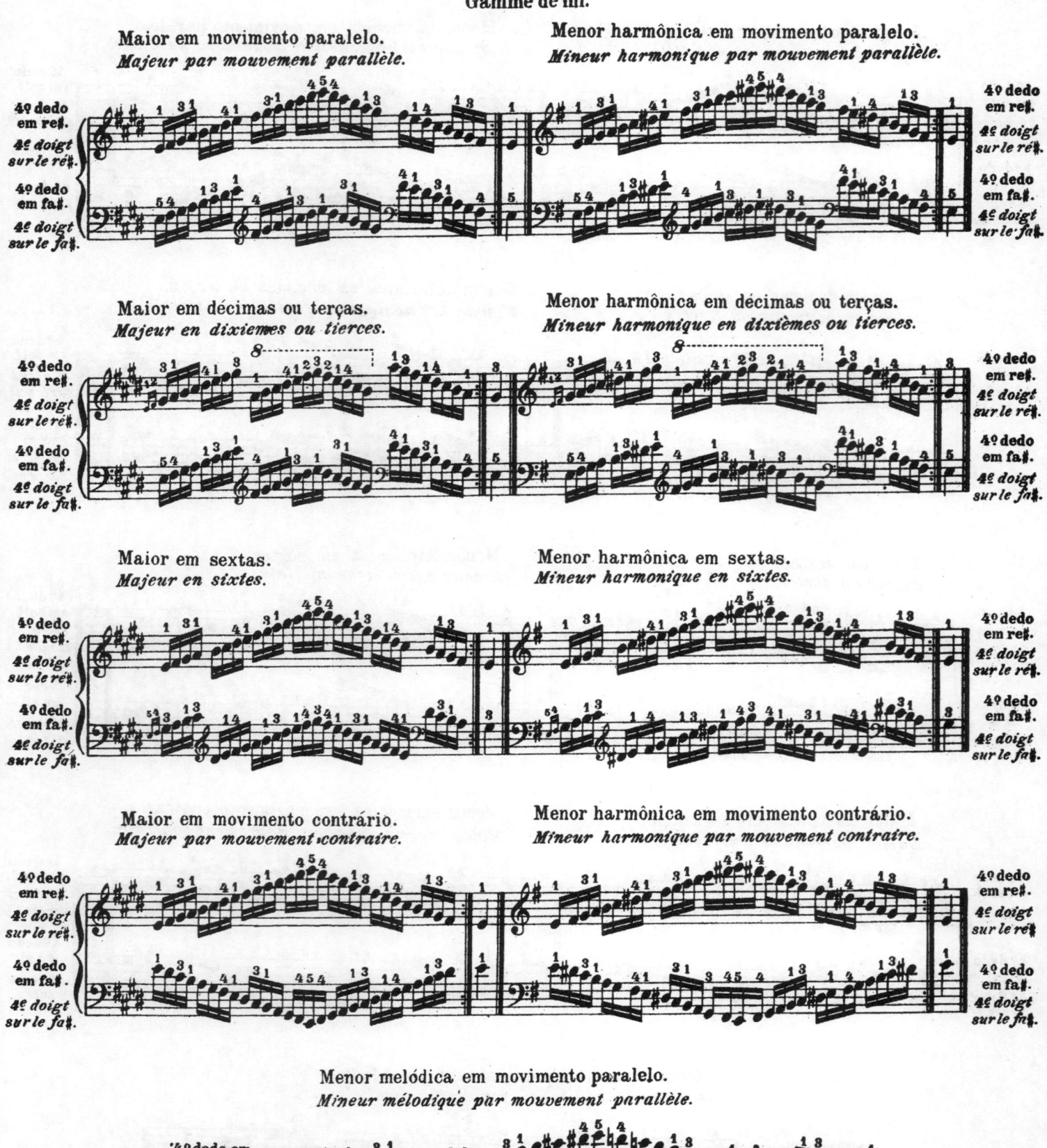

Maior em movimento paralelo.
Majeur par mouvement parallèle.

Menor harmônica em movimento paralelo.
Mineur harmonique par mouvement parallèle.

Maior em décimas ou terças.
Majeur en dixièmes ou tierces.

Menor harmônica em décimas ou terças.
Mineur harmonique en dixièmes ou tierces.

Maior em sextas.
Majeur en sixtes.

Menor harmônica em sextas.
Mineur harmonique en sixtes.

Maior em movimento contrário.
Majeur par mouvement contraire.

Menor harmônica em movimento contrário.
Mineur harmonique par mouvement contraire.

Menor melódica em movimento paralelo.
Mineur mélodique par mouvement parallèle.

Escala em Si.
Gamme de si.

Maior em movimento paralelo.
Majeur par mouvement parallèle.

Menor harmônica em movimento paralelo.
Mineur harmonique par mouvement parallèle.

Maior em décimas ou terças.
Majeur en dixièmes ou tierces.

Menor harmônica em décimas ou terças.
Mineur harmonique en dixièmes ou tierces.

Maior em sextas.
Majeur en sixtes.

Menor harmônica em sextas.
Mineur harmonique en sixtes.

Maior em movimento contrário.
Majeur par mouvement contraire.

Menor harmônica em movimento contrário.
Mineur harmonique par mouvement contraire.

Menor melódica em movimento paralelo.
Mineur mélodique par mouvement parallèle.

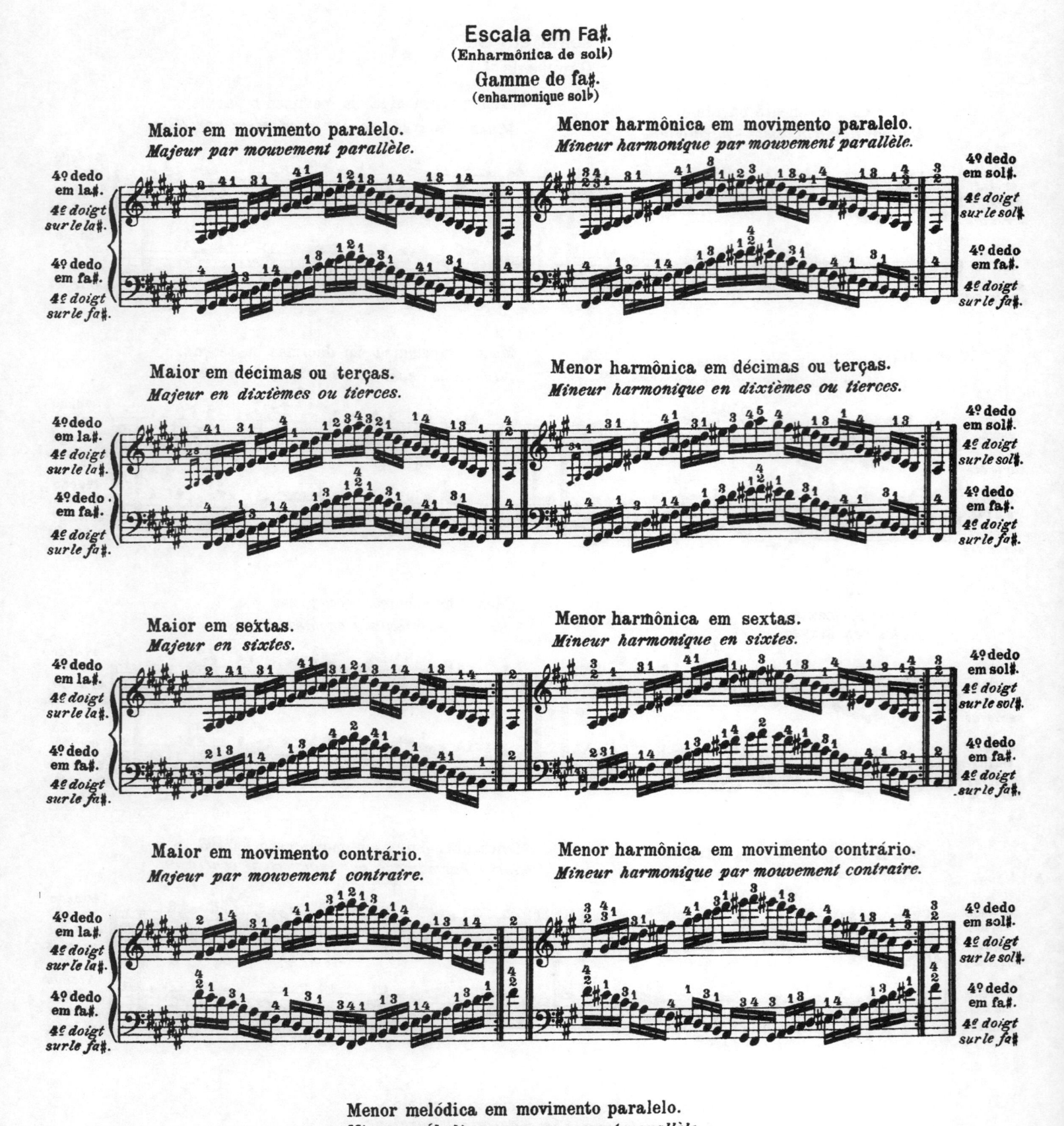

Escala em Fá♯.
(Enharmônica de sol♭)
Gamme de fa♯.
(enharmonique sol♭)

Maior em movimento paralelo.
Majeur par mouvement parallèle.

Menor harmônica em movimento paralelo.
Mineur harmonique par mouvement parallèle.

Maior em décimas ou terças.
Majeur en dixièmes ou tierces.

Menor harmônica em décimas ou terças.
Mineur harmonique en dixièmes ou tierces.

Maior em sextas.
Majeur en sixtes.

Menor harmônica em sextas.
Mineur harmonique en sixtes.

Maior em movimento contrário.
Majeur par mouvement contraire.

Menor harmônica em movimento contrário.
Mineur harmonique par mouvement contraire.

Menor melódica em movimento paralelo.
Mineur mélodique par mouvement parallèle.

Escala de Ré♭.
(Enharmônica de do♯)

Gamme de ré♭.
enharmonique ut♯.)

Maior em movimento paralelo.
Majeur par mouvement parallèle.

Menor harmônica em movimento paralelo.
Mineur harmonique par mouvement parallèle.

Maior em décimas ou terças.
Majeur en dixièmes ou tierces.

Menor harmônica em décimas ou terças.
Mineur harmonique en dixièmes ou tierces.

Maior em sextas.
Majeur en sixtes.

Menor harmônica em sextas.
Mineur harmonique en sixtes.

Maior em movimento contrário.
Majeur par mouvement contraire.

Menor harmônica em movimento contrário.
Mineur harmonique par mouvement contraire.

Menor melódica em movimento paralelo.
Mineur mélodique par mouvement parallèle.

Escala em La♭.
(Enharmônica de sol♯)
Gamme de la♭.
(enharmonique sol♯)

Maior em movimento paralelo.
Majeur par mouvement parallele.

Menor harmônica em movimento paralelo.
Mineur harmonique par mouvement parallèle.

Maior em décimas ou terças.
Majeur en dixièmes ou tierces.

Menor harmônica em décimas ou terças.
Mineur harmonique en dixièmes ou tierces.

Maior em sextas.
Majeur en sixtes.

Menor harmônica em sextas.
Mineur harmonique en sixtes.

Maior em movimento contrário.
Majeur par mouvement contraire.

Menor harmônica em movimento contrário.
Mineur harmonique par mouvement contraire.

Menor melódica em movimento paralelo.
Mineur mélodique par mouvement parallèle.

Escala de Mi♭.
Gamme de mi♭.

Maior em movimento paralelo.
Majeur par mouvement parallèle.

Menor harmônica em movimento paralelo.
Mineur harmonique par mouvement parallèle.

Maior em décimas ou terças.
Majeur en dixièmes ou tierces.

Menor harmônica em décimas ou terças.
Mineur harmonique en dixièmes ou tierces.

Maior em sextas.
Majeur en sixtes.

Menor harmônica em sextas.
Mineur harmonique en sixtes.

Maior em movimento contrário.
Majeur par mouvement contraire.

Menor harmônica em movimento contrário.
Mineur harmonique par mouvement contraire.

Menor melódica em movimento paralelo.
Mineur mélodique par mouvement parallèle.

Escala em Si♭.
Gamme de si♭.

Maior em movimento paralelo.
Majeur par mouvement parallèle.

Menor harmônica em movimento paralelo.
Mineur harmonique par mouvement parallèle.

Maior em décimas ou terças.
Majeur en dixièmes ou tierces.

Menor harmônica em décimas ou terças.
Mineur harmonique en dixièmes ou tierces.

Maior em sextas.
Majeur en sixtes.

Menor harmônica em sextas.
Mineur harmonique en sixtes.

Maior em movimento contrário.
Majeur par mouvement contraire.

Menor harmônica em movimento contrário.
Mineur harmonique par mouvement contraire.

Menor melódica em movimento paralelo.
Mineur mélodique par mouvement parallèle.

Escala em Fa.
Gamme de fa.

Maior em movimento paralelo.
Majeur par mouvement parallèle.

Menor harmônica em movimento paralelo.
Mineur harmonique par mouvement parallèle.

Maior em décimas ou terças.
Majeur en dixièmes ou tierces.

Menor harmônica em décimas ou terças.
Mineur harmonique en dixièmes ou tierces.

Maior em sextas.
Majeur en sixtes.

Menor harmônica em sextas.
Mineur harmonique en sixtes.

Maior em movimento contrário.
Majeur par mouvement contraire.

Menor harmônica em movimento contrário.
Mineur harmonique par mouvement contraire.

Menor melódica em movimento paralelo.
Mineur mélodique par mouvement parallèle.

Escala cromática.
Gamme chromatique.

Em movimento paralelo. 1ª Dedilhação.
Par mouvement parallèle. 1ᵉʳ doigté.

3º dedo nas teclas pretas.
3ᵉ doigt sur toutes les touches noires.

3º dedo nas teclas pretas.
3ᵉ doigt sur toutes les touches noires.

Em movimento paralelo. 2ª Dedilhação.
Par mouvement parallèle. 2ᵉ doigté.

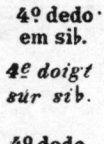

4º dedo em si♭.
4ᵉ doigt sur si♭.

4º dedo em fá♯.
4ᵉ doigt sur fá♯.

3ª Dedilhação.
3ᵉ doigté.

3º dedo em si♭ e fá♯ subindo e em mi, descendo.
3ᵉ doigt sur si♭ et fá♯ en montant, sur mi en descendant.

3º dedo em fá subindo e mi♭, descendo.
3ᵉ doigt sur fa en montant, sur mi♭ en descendant

Em movimento contrário.
Par mouvement contraire.

Acordes arpejados.
Accords arpèges.

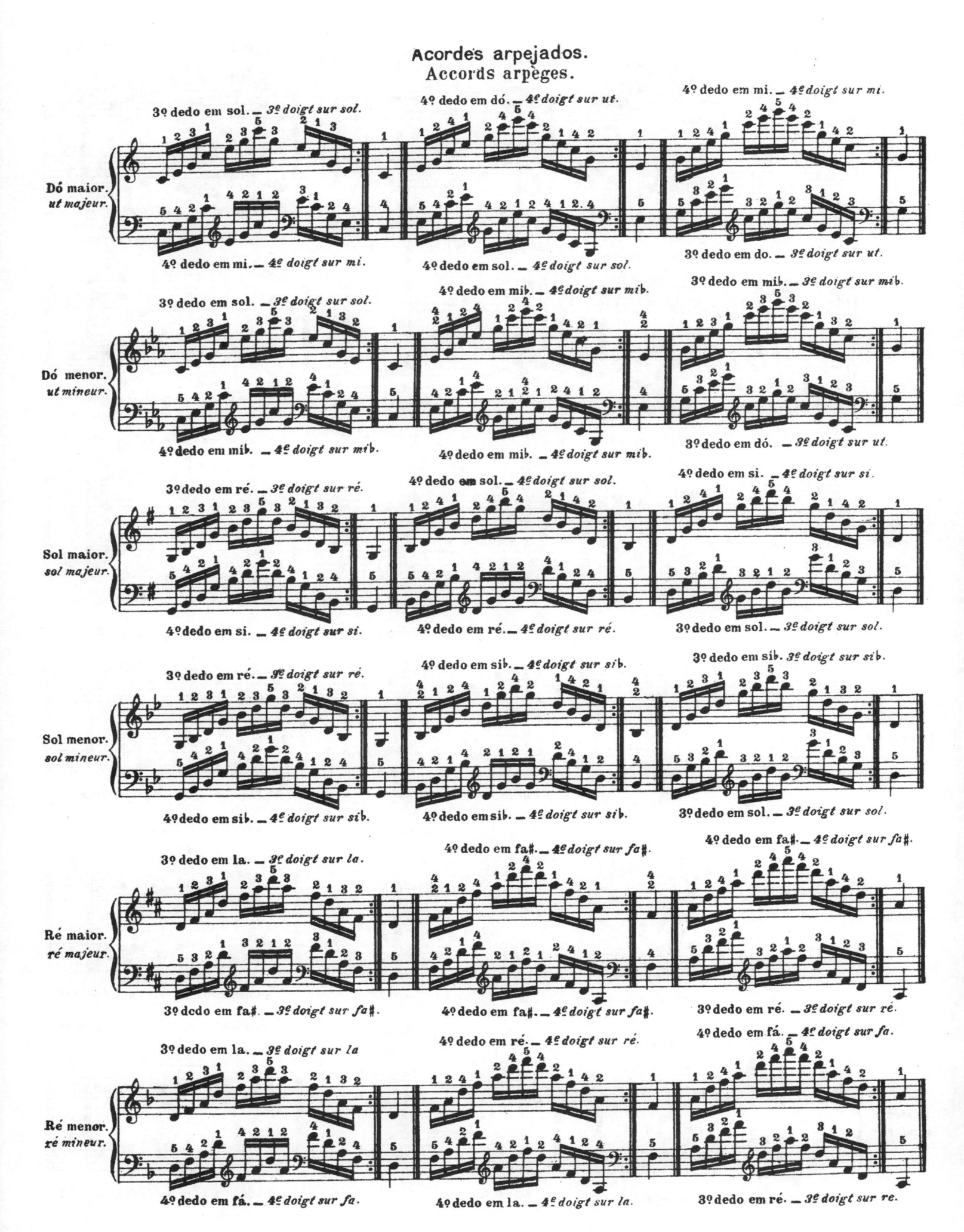

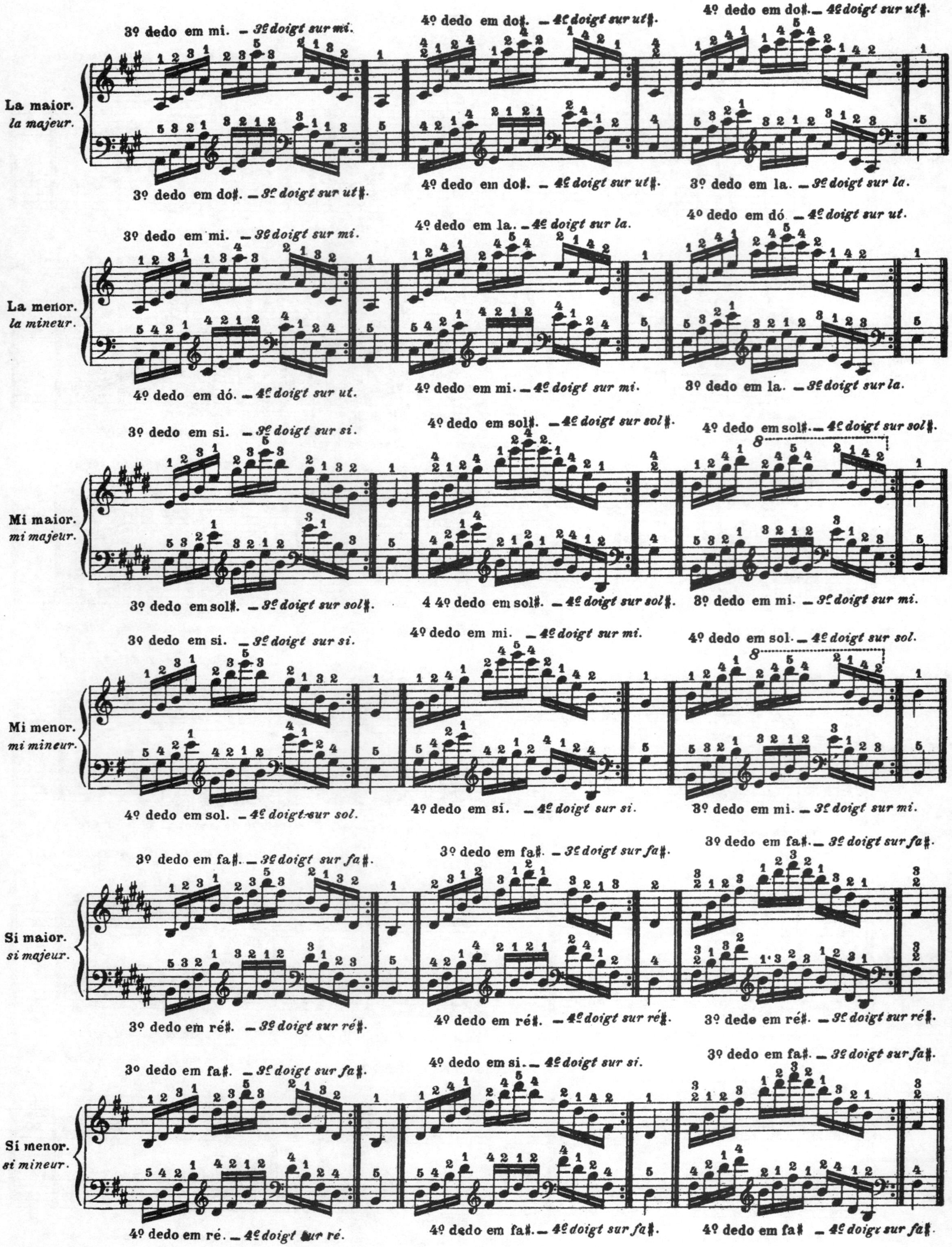
La maior.
la majeur.
3º dedo em mi. — 3º doigt sur mi.
4º dedo em do♯. — 4º doigt sur ut♯.
4º dedo em do♯. — 4º doigt sur ut♯.
3º dedo em do♯. — 3º doigt sur ut♯.
4º dedo em do♯. — 4º doigt sur ut♯.
3º dedo em la. — 3º doigt sur la.
La menor.
la mineur.
3º dedo em mi. — 3º doigt sur mi.
4º dedo em la. — 4º doigt sur la.
4º dedo em dó. — 4º doigt sur ut.
4º dedo em dó. — 4º doigt sur ut.
4º dedo em mi. — 4º doigt sur mi.
3º dedo em la. — 3º doigt sur la.
Mi maior.
mi majeur.
3º dedo em si. — 3º doigt sur si.
4º dedo em sol♯. — 4º doigt sur sol♯.
4º dedo em sol♯. — 4º doigt sur sol♯.
3º dedo em sol♯. — 3º doigt sur sol♯.
4 4º dedo em sol♯. — 4º doigt sur sol♯.
3º dedo em mi. — 3º doigt sur mi.
Mi menor.
mi mineur.
3º dedo em si. — 3º doigt sur si.
4º dedo em mi. — 4º doigt sur mi.
4º dedo em sol. — 4º doigt sur sol.
4º dedo em sol. — 4º doigt sur sol.
4º dedo em si. — 4º doigt sur si.
3º dedo em mi. — 3º doigt sur mi.
Si maior.
si majeur.
3º dedo em fa♯. — 3º doigt sur fa♯.
3º dedo em fa♯. — 3º doigt sur fa♯.
3º dedo em fa♯. — 3º doigt sur fa♯.
3º dedo em ré♯. — 3º doigt sur ré♯.
4º dedo em ré♯. — 4º doigt sur ré♯.
3º dedo em ré♯. — 3º doigt sur ré♯.
Si menor.
si mineur.
3º dedo em fa♯. — 3º doigt sur fa♯.
4º dedo em si. — 4º doigt sur si.
3º dedo em fa♯. — 3º doigt sur fa♯.
4º dedo em ré. — 4º doigt sur ré.
4º dedo em fa♯. — 4º doigt sur fa♯.
4º dedo em fa♯ — 4º doigt sur fa♯.

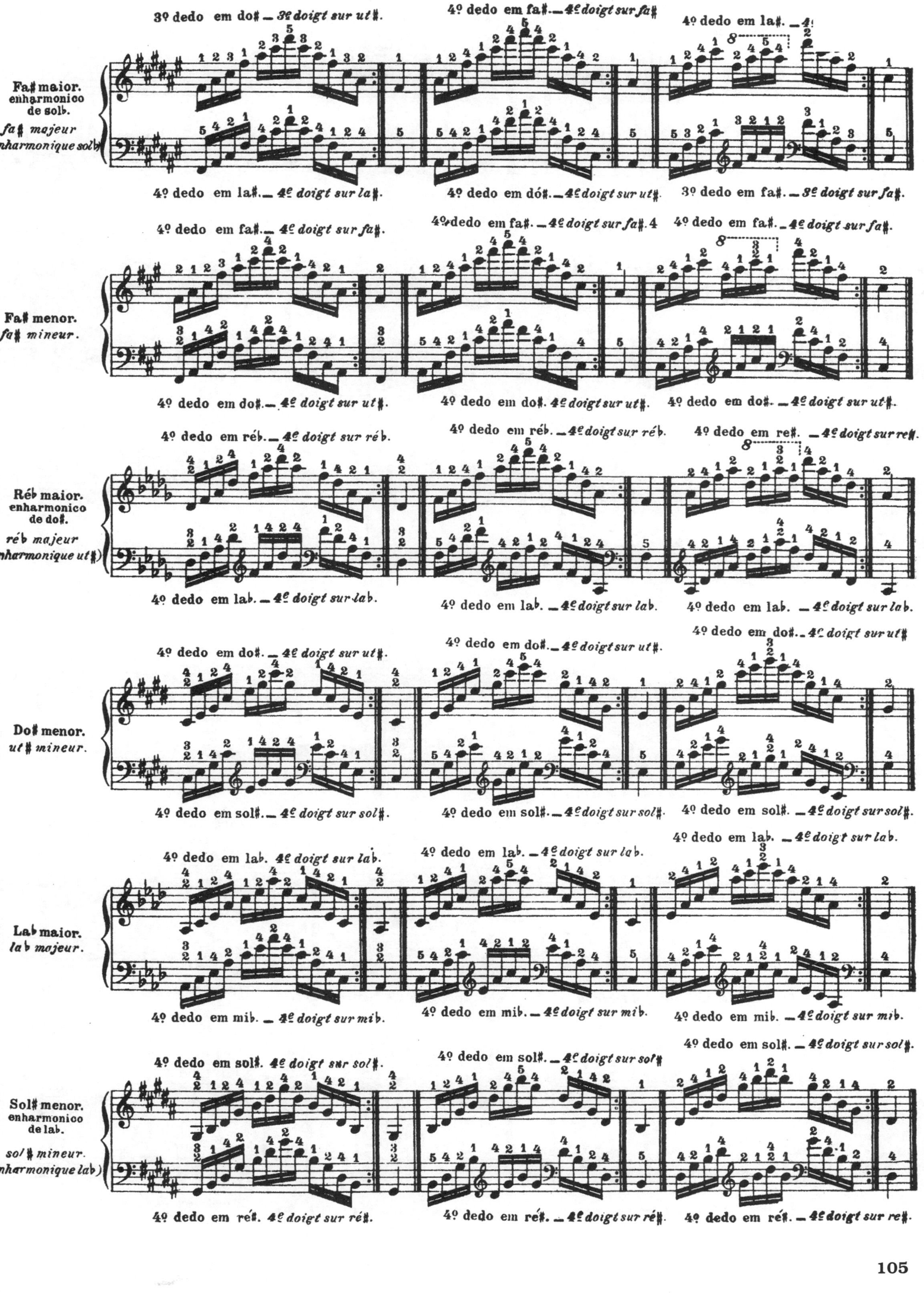
3º dedo em do#. _ 3º doigt sur ut#.
4º dedo em fa#. _ 4º doigt sur fa#
4º dedo em la#.
Fa# maior. enharmonico de solb.
fa# majeur (enharmonique solb)
4º dedo em la#. _ 4º doigt sur la#.
4º dedo em dó#. _ 4º doigt sur ut#.
3º dedo em fa#. _ 3º doigt sur fa#.
4º dedo em fa#. _ 4º doigt sur fa#.
4º dedo em fa#. _ 4º doigt sur fa#.
4º dedo em fa#. _ 4º doigt sur fa#.
Fa# menor.
fa# mineur.
4º dedo em do#. _ 4º doigt sur ut#.
4º dedo em do#. 4º doigt sur ut#.
4º dedo em do#. _ 4º doigt sur ut#.
4º dedo em réb. _ 4º doigt sur réb.
4º dedo em réb. _ 4º doigt sur réb.
4º dedo em re#. _ 4º doigt sur re#.
Réb maior. enharmonico de do#.
réb majeur (enharmonique ut#)
4º dedo em lab. _ 4º doigt sur lab.
4º dedo em lab. _ 4º doigt sur lab.
4º dedo em lab. _ 4º doigt sur lab.
4º dedo em do#. _ 4º doigt sur ut#.
4º dedo em do#. _ 4º doigt sur ut#.
4º dedo em do#. _ 4º doigt sur ut#
Do# menor.
ut# mineur.
4º dedo em sol#. _ 4º doigt sur sol#.
4º dedo em sol#. _ 4º doigt sur sol#.
4º dedo em sol#. _ 4º doigt sur sol#.
4º dedo em lab. 4º doigt sur lab.
4º dedo em lab. _ 4º doigt sur lab.
4º dedo em lab. _ 4º doigt sur lab.
Lab maior.
lab majeur.
4º dedo em mib. _ 4º doigt sur mib.
4º dedo em mib. _ 4º doigt sur mib.
4º dedo em mib. _ 4º doigt sur mib.
4º dedo em sol#. _ 4º doigt sur sol#.
4º dedo em sol#. 4º doigt sur sol#.
4º dedo em sol#. _ 4º doigt sur sol#
Sol# menor. enharmonico de lab.
sol# mineur. (enharmonique lab)
4º dedo em ré#. 4º doigt sur ré#.
4º dedo em ré#. _ 4º doigt sur ré#.
4º dedo em ré#. _ 4º doigt sur re#.

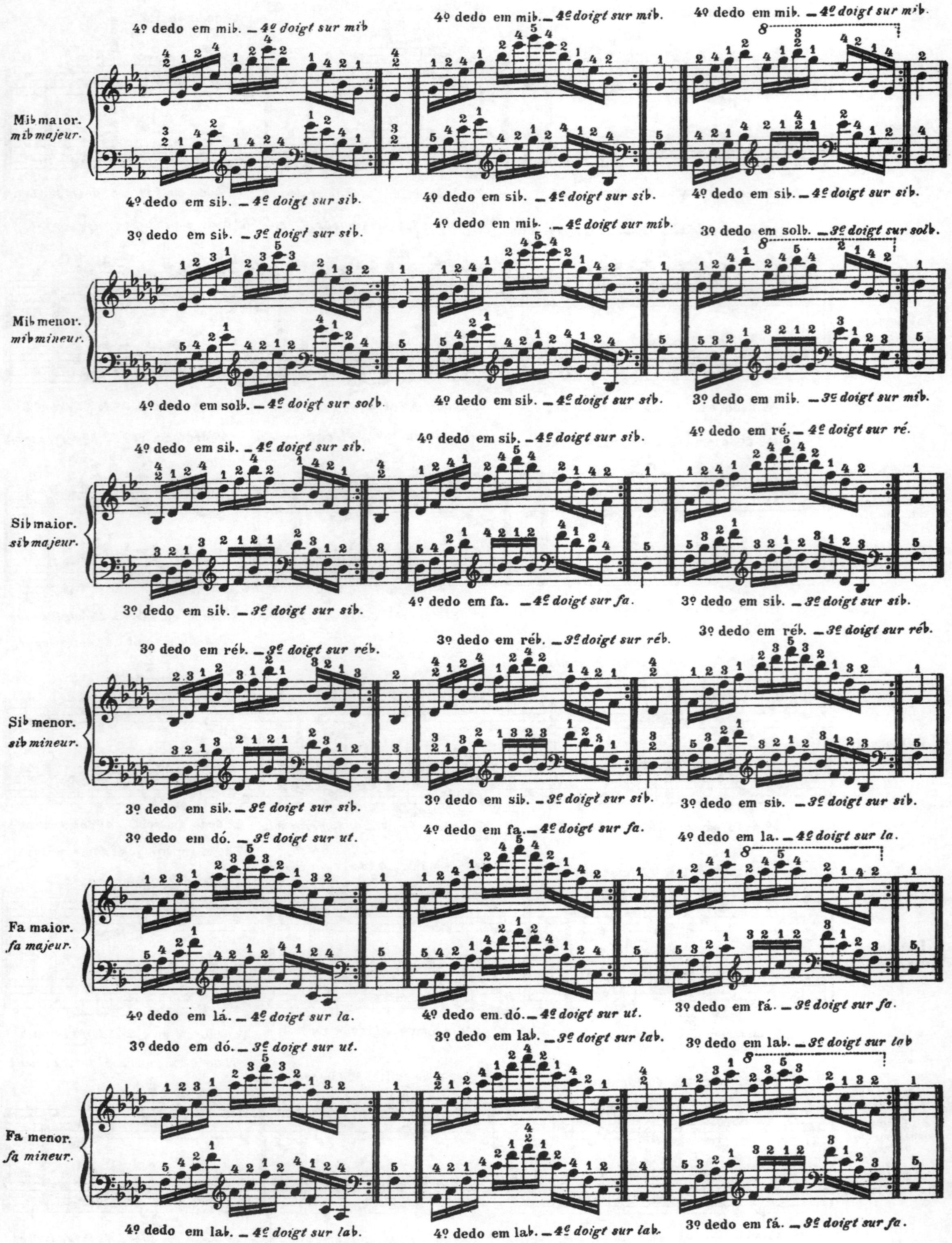
4º dedo em mib. _ 4e doigt sur mib
4º dedo em mib. _ 4e doigt sur mib.
4º dedo em mib. _ 4e doigt sur mib.
Mib maior.
mib majeur.
4º dedo em sib. _ 4e doigt sur sib.
4º dedo em sib. _ 4e doigt sur sib.
4º dedo em sib. _ 4e doigt sur sib.
3º dedo em sib. _ 3e doigt sur sib.
4º dedo em mib. _ 4e doigt sur mib.
3º dedo em solb. _ 3e doigt sur solb.
Mib menor.
mib mineur.
4º dedo em solb. _ 4e doigt sur solb.
4º dedo em sib. _ 4e doigt sur sib.
3º dedo em mib. _ 3e doigt sur mib.
4º dedo em sib. _ 4e doigt sur sib.
4º dedo em sib. _ 4e doigt sur sib.
4º dedo em ré. _ 4e doigt sur ré.
Sib maior.
sib majeur.
3º dedo em sib. _ 3e doigt sur sib.
4º dedo em fa. _ 4e doigt sur fa.
3º dedo em sib. _ 3e doigt sur sib.
3º dedo em réb. _ 3e doigt sur réb.
3º dedo em réb. _ 3e doigt sur réb.
3º dedo em réb. _ 3e doigt sur réb.
Sib menor.
sib mineur.
3º dedo em sib. _ 3e doigt sur sib.
3º dedo em sib. _ 3e doigt sur sib.
3º dedo em sib. _ 3e doigt sur sib.
3º dedo em dó. _ 3e doigt sur ut.
4º dedo em fa. _ 4e doigt sur fa.
4º dedo em la. _ 4e doigt sur la.
Fa maior.
fa majeur.
4º dedo em lá. _ 4e doigt sur la.
4º dedo em dó. _ 4e doigt sur ut.
3º dedo em fá. _ 3e doigt sur fa.
3º dedo em dó. _ 3e doigt sur ut.
3º dedo em lab. _ 3e doigt sur lab.
3º dedo em lab. _ 3e doigt sur lab
Fa menor.
fa mineur.
4º dedo em lab. _ 4e doigt sur lab.
4º dedo em lab. _ 4e doigt sur lab.
3º dedo em fá. _ 3e doigt sur fa.

Arpejos sobre o acorde de sétima da dominante
Arpèges sur l'accord de septième de dominante.

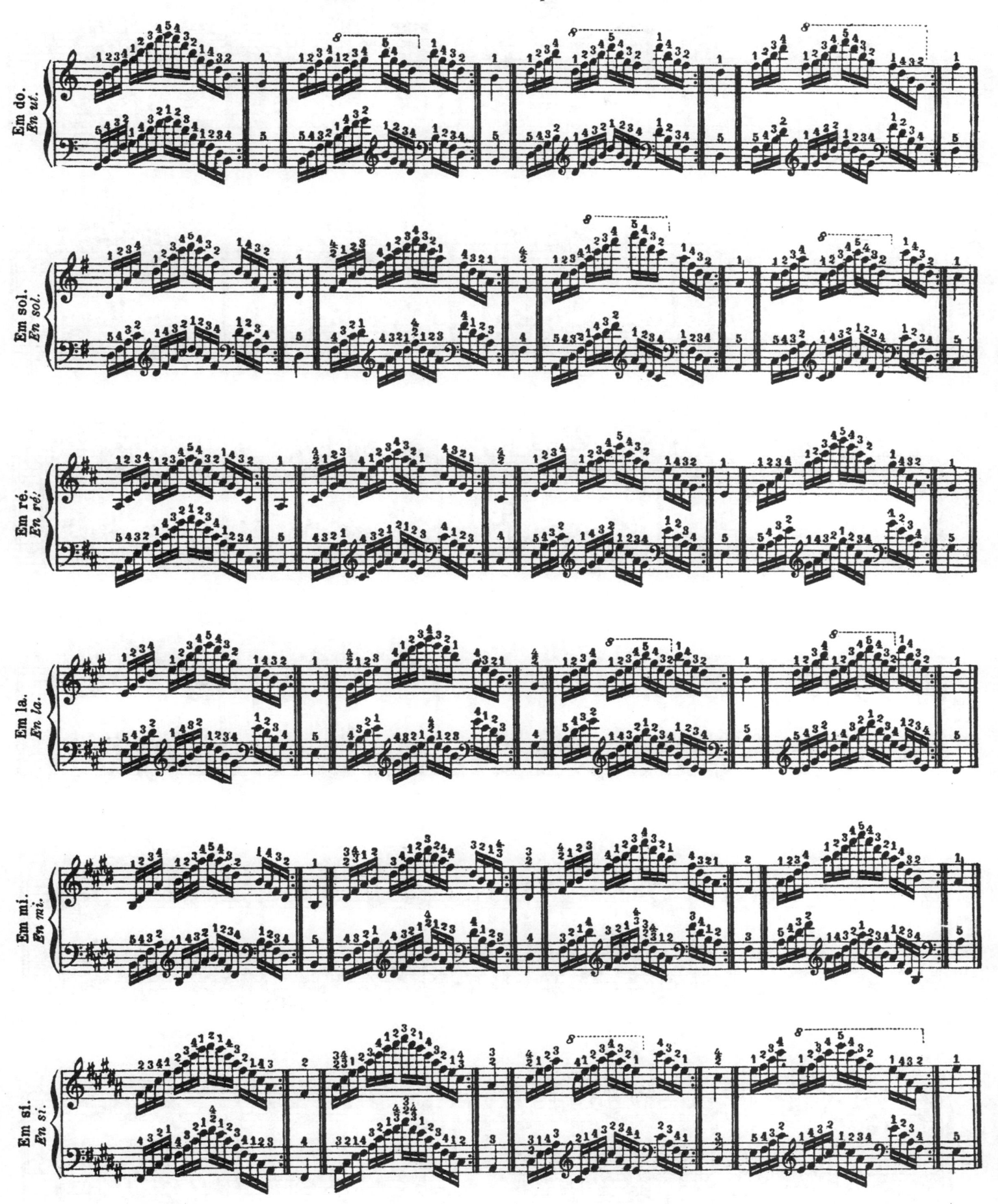

Em fa#.
Enharmonico de solb.
En fa#.
(enharmonique solb)

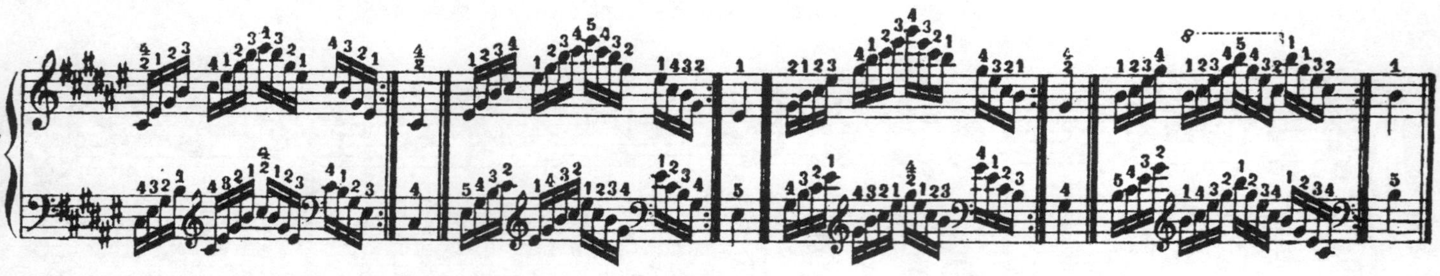

Em reb.
Enharmonico de do#.
En reb.
(enharmonique ut#)

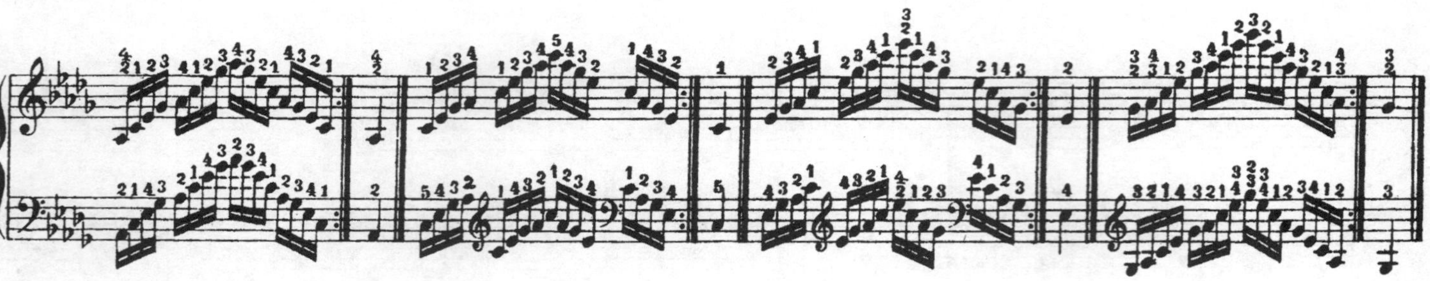

Em lab.
En lab.

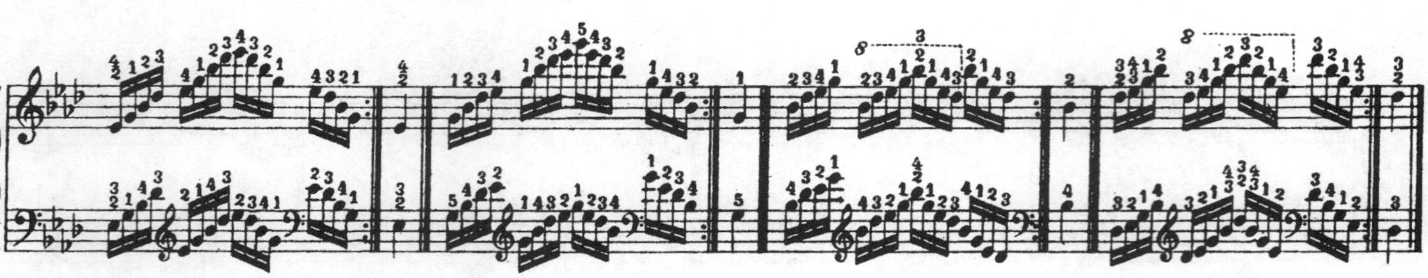

Em mib.
En mib.

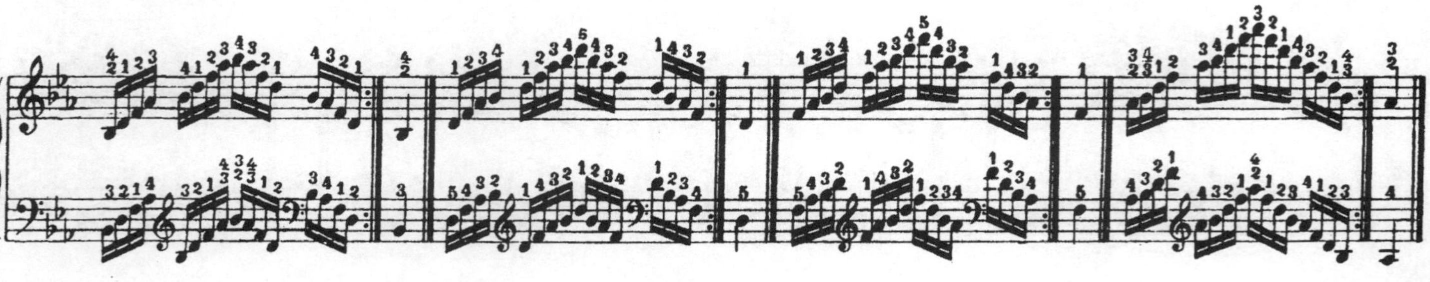

Em sib.
En sib.

Em fa.
En fa.

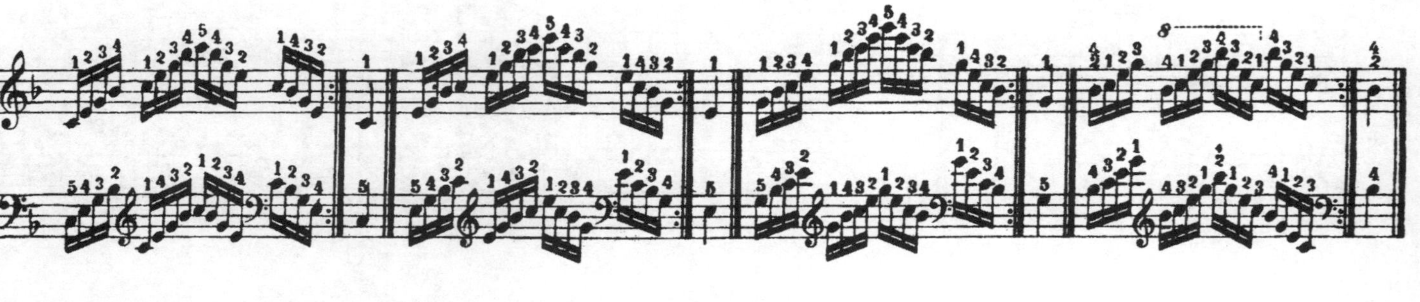

Arpejos sobre o acorde de sétima da dominante.
Arpèges sur l'accord de septième diminuée.

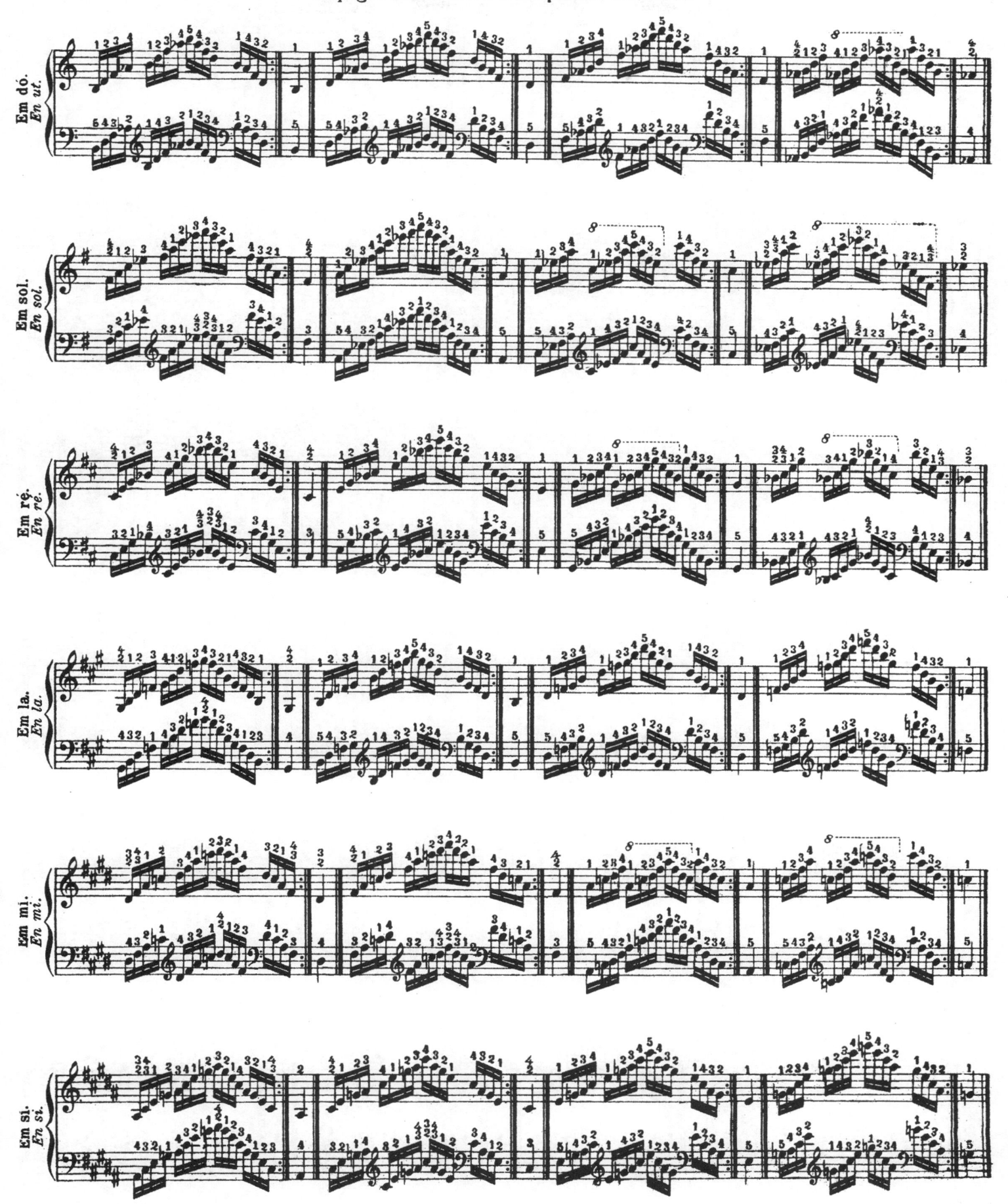

Em fá♯.
Enharmonico de sol♭.
En fa♯.
(enharmonique sol♭)

Em ré♭.
Enharmonico de dó♯.
En ré♭.
(enharmonique ré♯)

Em lá♭.
En la♭.

Em mi♭.
En mi♭.

Em si♭.
En si♭.

Em fá.
En fa.

110

Escalas em terças duplas.
Gammes en tierces doubles.

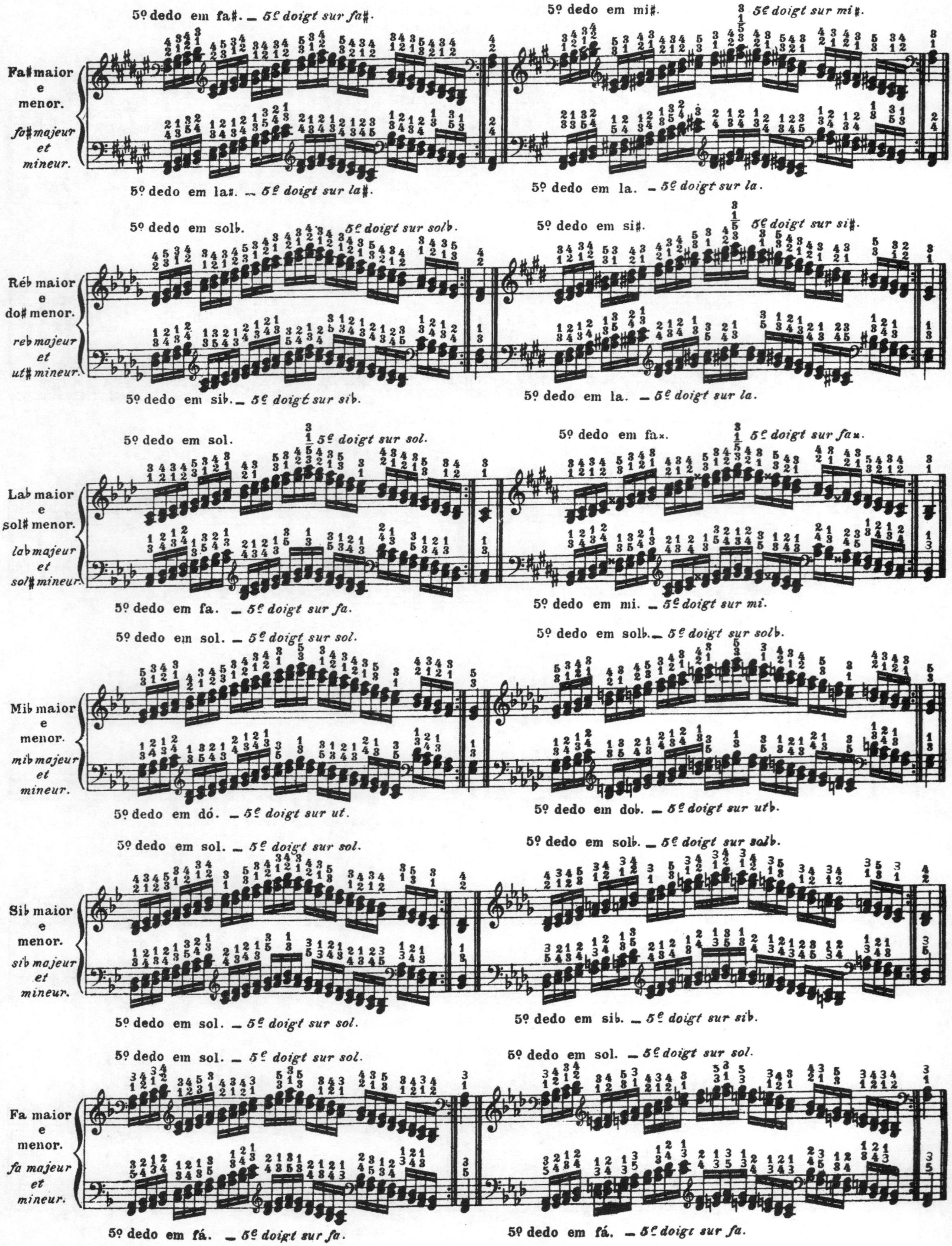
5º dedo em fa♯. _ 5ᵉ doigt sur fa♯.
5º dedo em mi♯.
5ᵉ doigt sur mi♯.
Fa♯ maior e menor.
fa♯ majeur et mineur.
5º dedo em la♯. _ 5ᵉ doigt sur la♯.
5º dedo em la. _ 5ᵉ doigt sur la.
5º dedo em sol♭.
5ᵉ doigt sur sol♭.
5º dedo em si♯.
5ᵉ doigt sur si♯.
Ré♭ maior e do♯ menor.
ré♭ majeur et ut♯ mineur.
5º dedo em si♭. _ 5ᵉ doigt sur si♭.
5º dedo em la. _ 5ᵉ doigt sur la.
5º dedo em sol.
5ᵉ doigt sur sol.
5º dedo em fa×.
5ᵉ doigt sur fa×.
La♭ maior e sol♯ menor.
la♭ majeur et sol♯ mineur.
5º dedo em fa. _ 5ᵉ doigt sur fa.
5º dedo em mi. _ 5ᵉ doigt sur mi.
5º dedo em sol. _ 5ᵉ doigt sur sol.
5º dedo em sol♭. _ 5ᵉ doigt sur sol♭.
Mi♭ maior e menor.
mi♭ majeur et mineur.
5º dedo em dó. _ 5ᵉ doigt sur ut.
5º dedo em do♭. _ 5ᵉ doigt sur ut♭.
5º dedo em sol. _ 5ᵉ doigt sur sol.
5º dedo em sol♭. _ 5ᵉ doigt sur sol♭.
Si♭ maior e menor.
si♭ majeur et mineur.
5º dedo em sol. _ 5ᵉ doigt sur sol.
5º dedo em si♭. _ 5ᵉ doigt sur si♭.
5º dedo em sol. _ 5ᵉ doigt sur sol.
5º dedo em sol. _ 5ᵉ doigt sur sol.
Fa maior e menor.
fa majeur et mineur.
5º dedo em fá. _ 5ᵉ doigt sur fa.
5º dedo em fá. _ 5ᵉ doigt sur fa.

Escalas em sextas duplas.
Gammes en sixtes doubles.

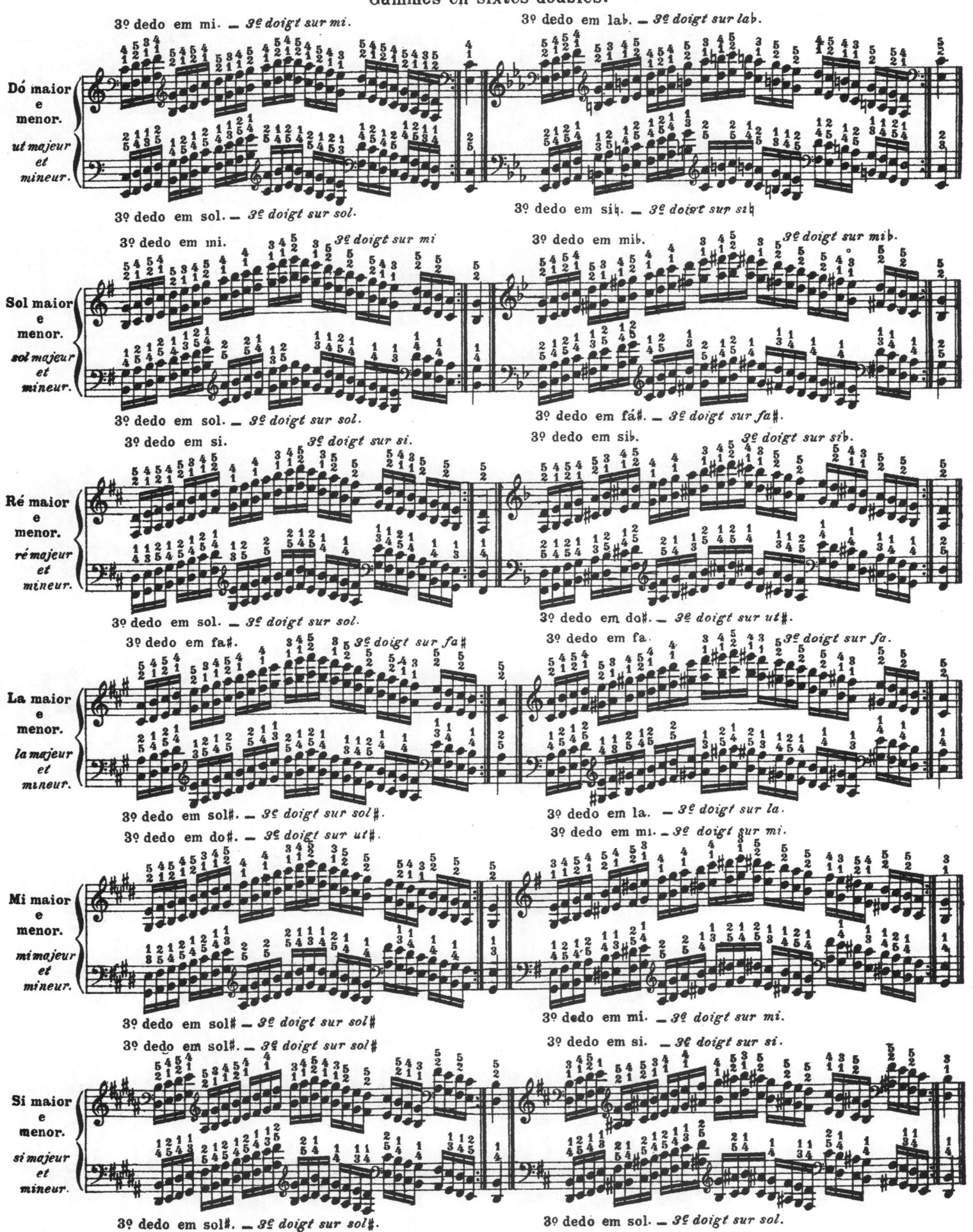

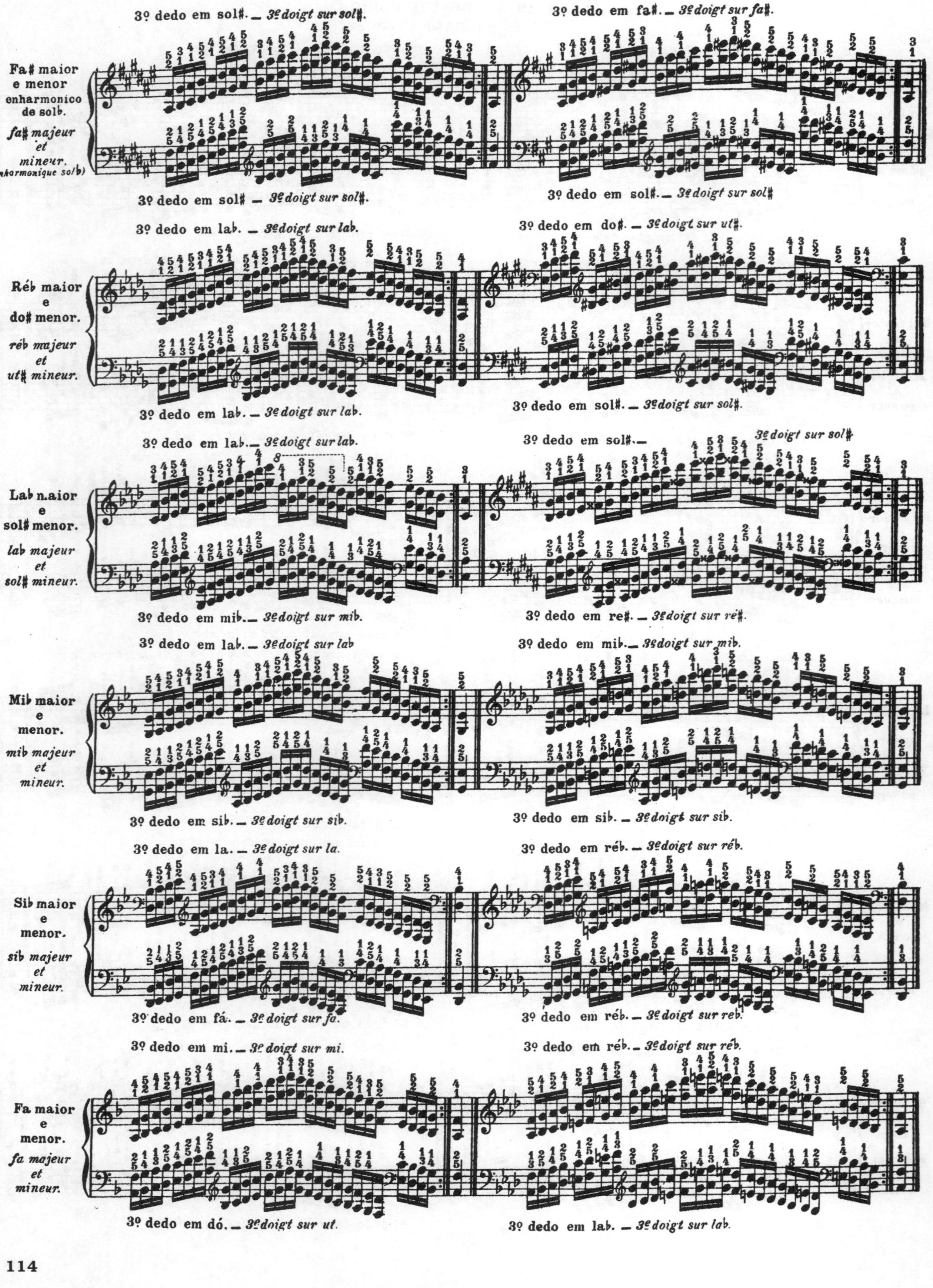
3º dedo em sol♯. — 3e doigt sur sol♯.
3º dedo em fa♯. — 3e doigt sur fa♯.
Fa♯ maior e menor enharmonico de sol♭.
fa♯ majeur et mineur. (enharmonique sol♭)
3º dedo em sol♯ — 3e doigt sur sol♯.
3º dedo em sol♯. — 3e doigt sur sol♯
3º dedo em la♭. — 3e doigt sur la♭.
3º dedo em do♯. — 3e doigt sur ut♯.
Ré♭ maior e do♯ menor.
ré♭ majeur et ut♯ mineur.
3º dedo em la♭. — 3e doigt sur la♭.
3º dedo em sol♯. — 3e doigt sur sol♯.
3º dedo em la♭. — 3e doigt sur la♭.
3º dedo em sol♯. — 3e doigt sur sol♯.
La♭ maior e sol♯ menor.
la♭ majeur et sol♯ mineur.
3º dedo em mi♭. — 3e doigt sur mi♭.
3º dedo em re♯. — 3e doigt sur ré♯.
3º dedo em la♭. — 3e doigt sur la♭
3º dedo em mi♭. — 3e doigt sur mi♭.
Mi♭ maior e menor.
mi♭ majeur et mineur.
3º dedo em si♭. — 3e doigt sur si♭.
3º dedo em si♭. — 3e doigt sur si♭.
3º dedo em la. — 3e doigt sur la.
3º dedo em ré♭. — 3e doigt sur ré♭.
Si♭ maior e menor.
si♭ majeur et mineur.
3º dedo em fá. — 3e doigt sur fa.
3º dedo em ré♭. — 3e doigt sur ré♭.
3º dedo em mi. — 3e doigt sur mi.
3º dedo em ré♭. — 3e doigt sur ré♭.
Fa maior e menor.
fa majeur et mineur.
3º dedo em dó. — 3e doigt sur ut.
3º dedo em la♭. — 3e doigt sur la♭.

Escalas cromáticas em terças menores, nas duas mãos.
Gammes chromatiques en tierces mineures aux deux mains.

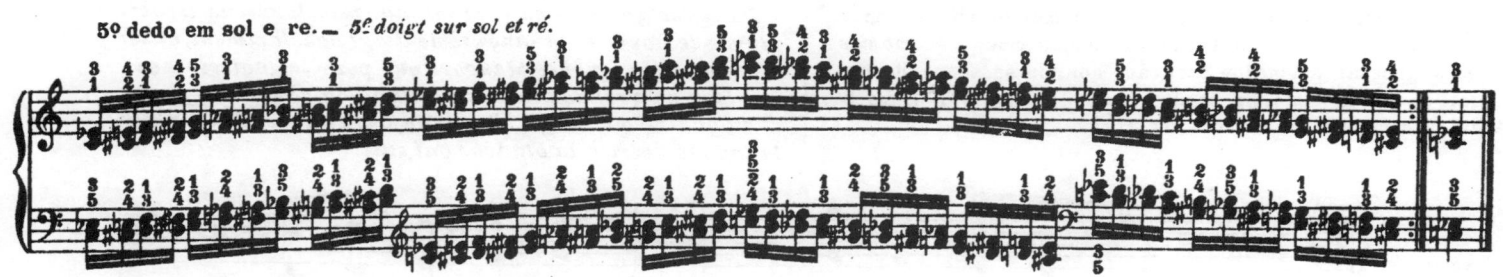

Escala cromática em sextas menores, nas duas mãos.
Gamme chromatique en sixtes mineures aux deux mains.

Escala cromática em sextas maiores nas duas mãos.
Gamme chromatique en sixtes majeures aux deux mains.

Escala cromática em terças e sextas.
Gamme chromatique en sixtes et tierces.

Escalas cromáticas em acordes de sétimas diminutos.
Gammes chromatique en accords de septièmes diminuées.

Oitavas duplas em staccato.

Nas escalas em oitava "staccato", é melhor usar sempre o polegar e quinto dedo, tanto nas teclas brancas como nas pretas; arpezar da maior atenção, quando se serve do polegar e quarto dedo, há sempre uma tendência a ligar a tecla preta com a branca imediata.

Double octaves en staccato.

Dans les gammes en octaves staccato, le mieux est d'employer le pouce et le cinquième doigt constamment, aussi bien pour les touches blanches que pour les noires; malgré la plus grande attention, quand on se sert du pouce et du quatrième doigt, il y a toujours une tendance à lier la touche noire à la blanche qui suit.

Exemplos: Si maior.
Exemples si majeur.

Mi♭ maior
mi bémol mineur.

Oitavas duplas ligadas.

Não e possível indicar uma dedilhação uniforme para as oitavas ligadas, tudo depende do tamanho da mão e distensão dos dedos. Para as mãos pequenas, é melhor servir-se do polegar e do 4º dedo para as teclas pretas e empregar o polegar e 5º dedo para as teclas brancas.

Double octaves lieés.

Pour l'exécution des gammes liées il n'est pas possible d'indiquer un doigté uniforme; tout dépend de l'étendue de la main et de la faculté d'extension des doigts. Pour les petites mains, le mieux est de se servir du pouce et du 4º doigt pour les touches noires, et d'employer le pouce et le 5º doigt pour toutes les touches blanches.

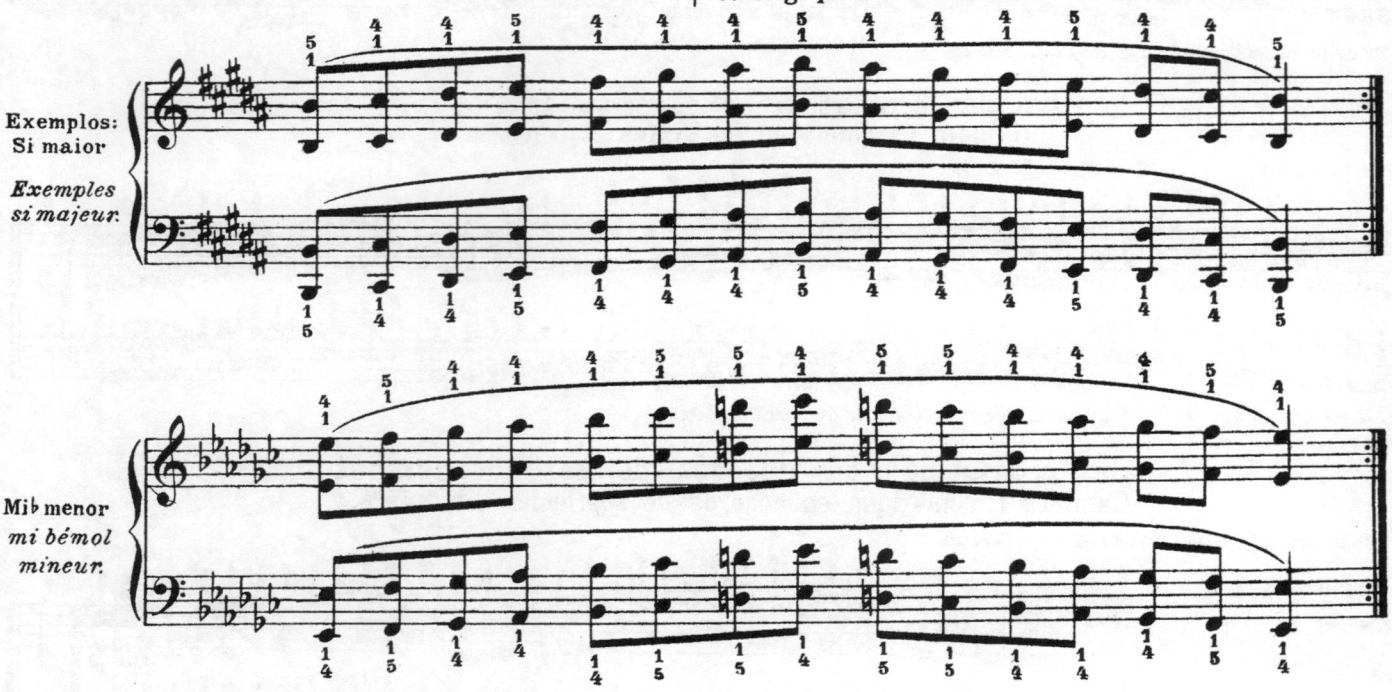

Exemplos: Si maior
Exemples si majeur.

Mi♭ menor
mi bémol mineur.

Para as mãos grandes que abrangem facilmente uma oitava com o polegar e 3º dedo, é melhor usar a dedilhação $\frac{3}{1}$ e $\frac{4}{1}$ para duas teclas negras seguidas. Quando são tres teclas negras seguidas, então se usará $\frac{4}{1}, \frac{5}{1}, \frac{4}{1}$.

Pour les grandes mains qui prennent facilement une octave du pouce et du 3e doigt, il vaut mieux prendre le doigté $\frac{3}{1}$ et $\frac{4}{1}$ pour deux touches noires qui se suivent. Quand trois touches noires se suivent on recommande le doigté $\frac{4}{1}, \frac{5}{1}, \frac{4}{1}$.

Exemplos: Si maior.
Exemples si majeur.

Mi♭ menor.
mi bémol mineur.

Escalas cromáticas em oitavas duplas.
Gammes chromatiques en double octaves.

Escalas cromáticas em oitavas divididas entre as duas mãos.
Gammes chromatiques en octaves divisées entre les deux mains.

em continuação.
continuellement.

Apêndice.

Exemplos de Modulações. | Exemples de Modulation.

121

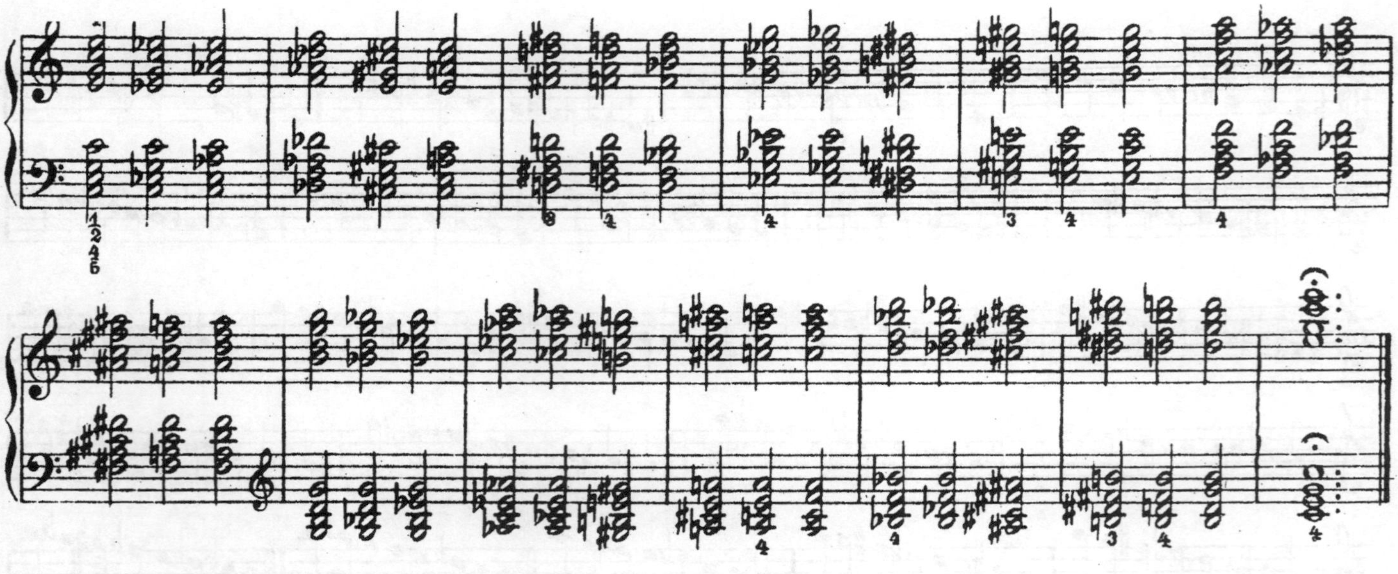

G

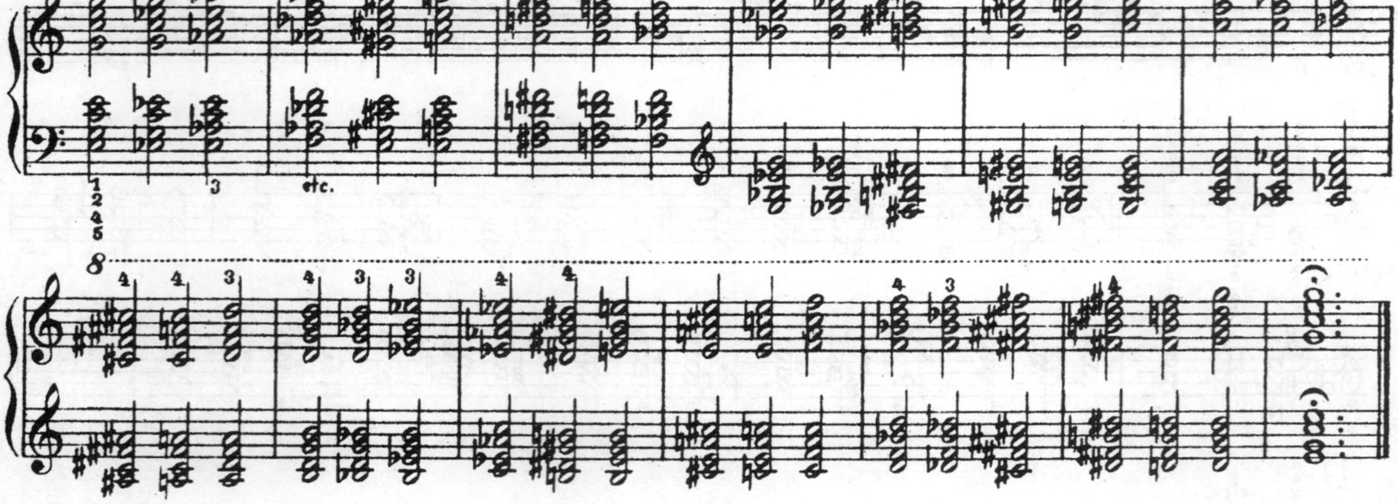

H

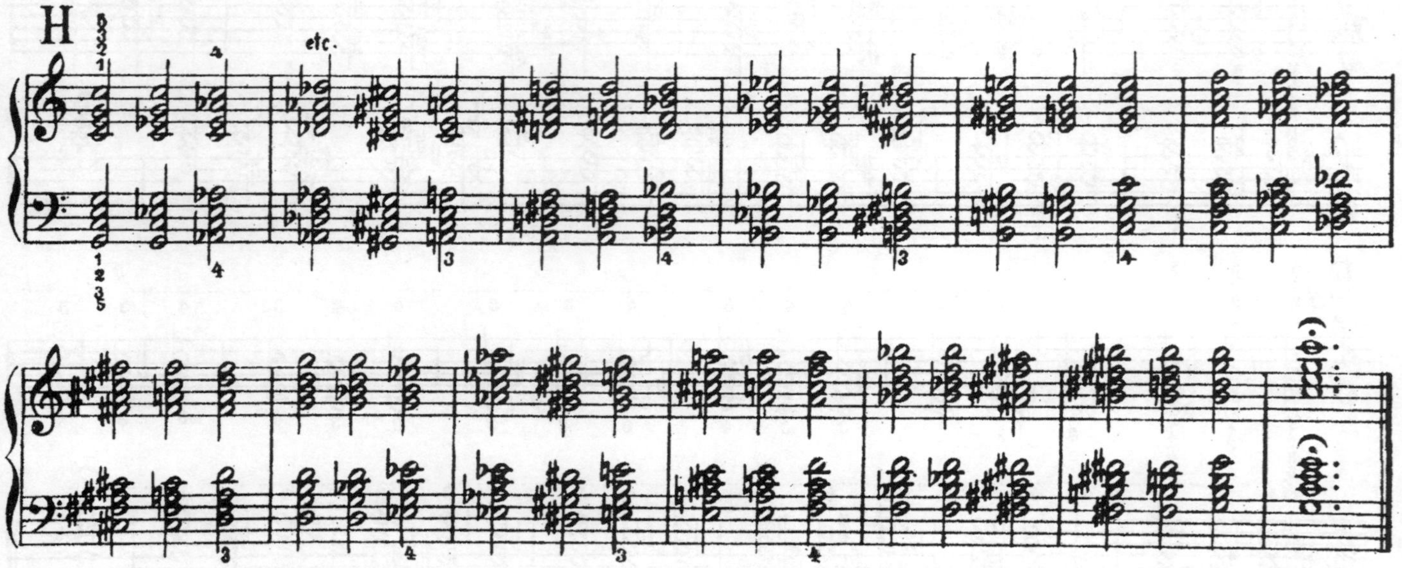

123

N

O

P

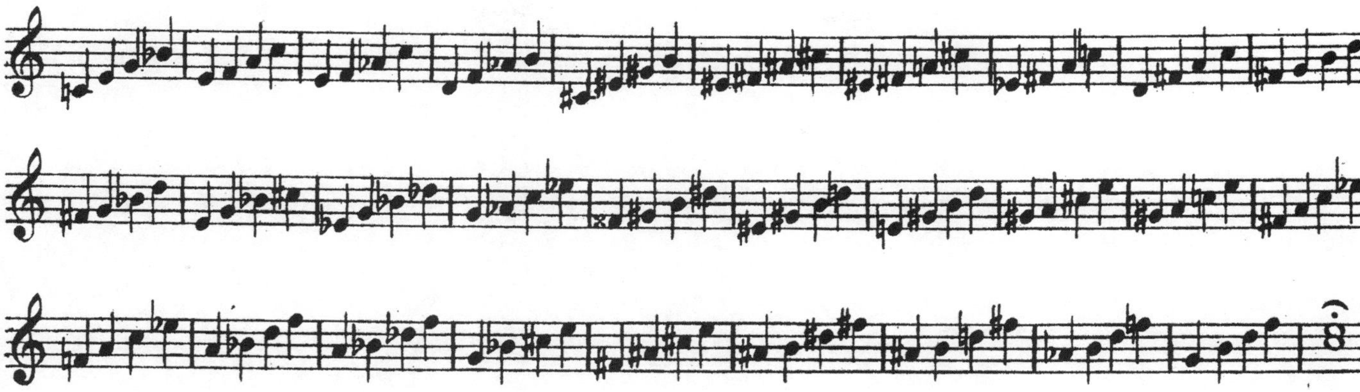

Q

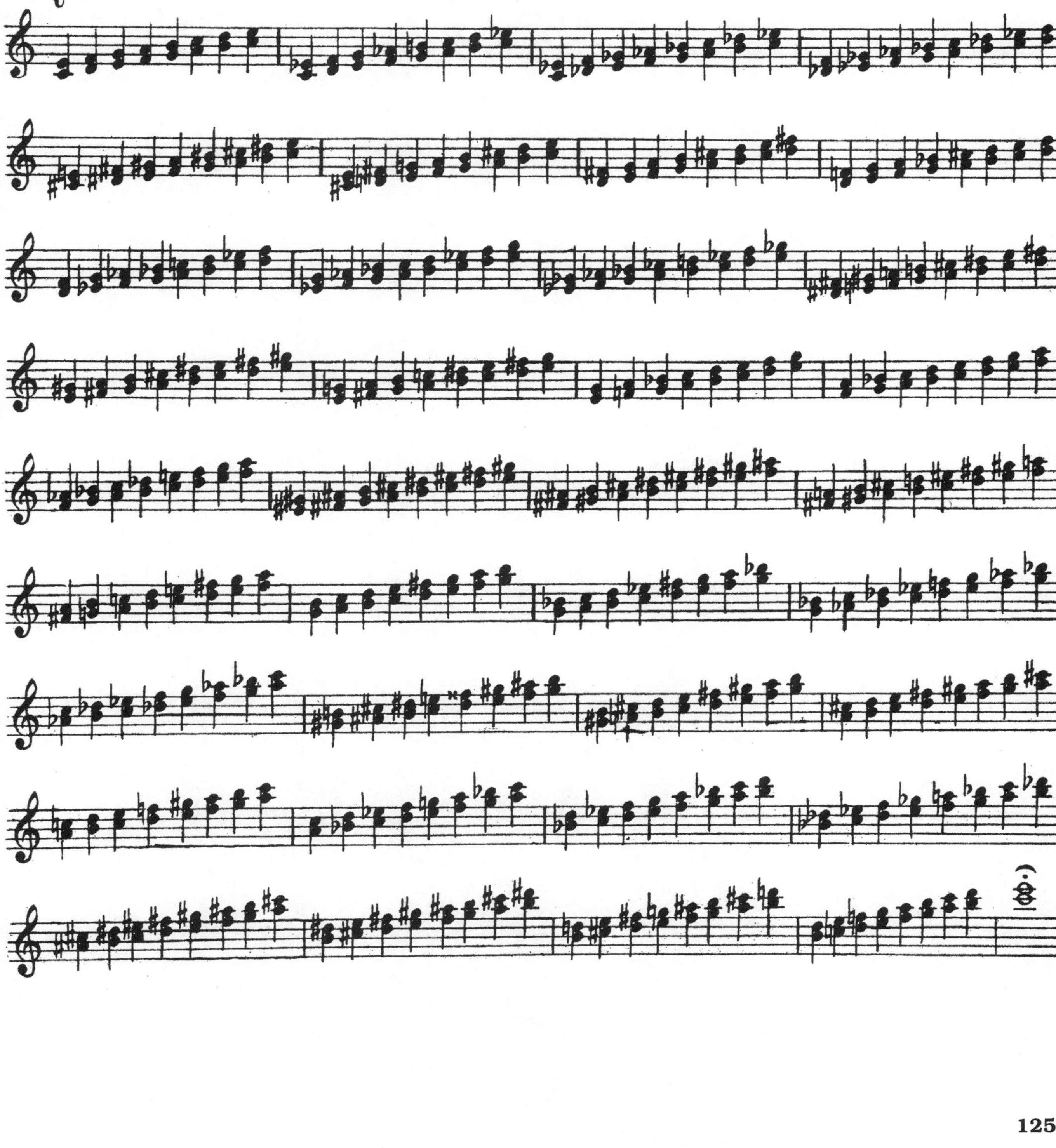